中华爱国人物故事

ZHONGHUA AIGUO RENWU GUSHI

图书在版编目(CIP)数据

现代国画大师齐白石 / 沈凯瑞编著. -- 长春 : 吉林人民出版社, 2011.5

(中华爱国人物故事)

ISBN 978-7-206-07829-3

Ⅰ. ①现… Ⅱ. ①沈… Ⅲ. ①齐白石(1864 ~ 1957) – 生平事迹 Ⅳ. ①K825.72

中国版本图书馆CIP数据核字(2011)第075747号

现代国画大师齐白石

XIANDAI GUOHUA DASHI QI BAISHI

编　　著:沈凯瑞

责任编辑:孙　一　程世博　　　　封面设计:七　洱

吉林人民出版社出版 发行(长春市人民大街7548号　邮政编码:130022)

印　　刷:鸿鹄(唐山)印务有限公司

开　　本:670mm×950mm　　1/16

印　　张:8　　　　字　　数:70千字

标准书号:ISBN 978-7-206-07829-3

版　　次:2011年5月第1版　　印　　次:2023年6月第4次印刷

定　　价:35.00元

现代国画大师齐白石

沈凯瑞　编著

吉林人民出版社

总　序

胡维革

《中华爱国人物故事》是一套故事丛书。它汇集了我国历史上80位古圣先贤、民族英雄、志士仁人、革命领袖、先进模范人物的生动感人史迹，表现了作为中华民族优秀传统的伟大的爱国主义精神。

爱国主义是人们对于“生于斯、长于斯、衣食于斯”的祖国的一种神圣感情，是人们对于自己民族的一种强烈的责任感和使命感，是感召和激励整个中华民族的一面永不褪色的旗帜。在漫长的历史上，爱国主义一直激励着中华儿女为祖国的独立、统一、进步和繁荣而英勇奋斗。从伟大的思想家教育家孔子到统一全国的千古一帝秦始皇，从秉笔直书著《史记》的司马

迁到鞠躬尽瘁死而后已的诸葛亮,从伟大的浪漫主义诗人李白到精忠报国的民族英雄岳飞,从七下西洋传播友谊的郑和到抗击倭寇的民族英雄戚继光,从苟利国家生死以的林则徐到为变法流血的第一人谭嗣同,从威震敌胆的抗联将军杨靖宇到人民音乐家聂耳与冼星海,从踏遍青山人未老的李四光到万婴之母林巧稚,从县委书记的好榜样焦裕禄到情系雪域献身高原的孔繁森……都表现出了强烈的爱国主义精神。正是由于热爱祖国的人们前仆后继地奋斗,国家和民族才得以生存,历经一次次历史危急关头而能转危为安,走向兴盛和富强,从而屹立于世界民族之林。爱国主义是鼓舞中华儿女历经忧患、跨越沧桑、百折不挠、自强不息的伟大力量,它贯穿于中华民族的整个历史,并有力地凝聚着五洲四海的中国人。

爱国主义是一个历史的范畴，在社会发展的不同阶段、不同时期有着不同的具体内容。革命时期，需要我们为祖国的独立自主出生入死；建设时期，需要我们为祖国的繁荣富强增砖添瓦；在全国各族人民团结一心建设富强、民主、文明、和谐的社会主义现代化国家的今天，我们要争做一名新时期的爱国者。新时期的爱国者要有强烈的民族自尊心和自豪感。民族自尊心和自豪感是任何时期任何爱国者都必须具备的情感。民族自尊心能增强我们自立向上的恒心，民族自豪感能树立我们建设祖国的信心。要树立“祖国高于一切”的崇高信念，为了祖国和人民的利益不惜抛却个人的利益，甚至不惜牺牲个人的生命。要树立终身学习的理念，拓

宽自己的知识面，广泛吸收新知识新技术，完善自身的知识结构，更新学习知识的方法与理念，从思想上、知识上充分武装自己，为祖国的繁荣昌盛贡献力量。

爱国主义思想的继承和发扬，是关系到民族盛衰、国家兴亡的根本问题。一代代人爱国主义思想情操的形成，需要不断地培养。培养爱国主义的一个重要途径是向爱国主义的英雄人物和典范事迹学习。这套丛书的出版，对于人们向英雄和先进人物学习，特别是对于在中小学生中进行爱国主义教育，将可提供一些生动的教材。祝愿此书出版发行成功，为培养“四有”新人做出贡献。

于2011年4月23日

世界读书日

中华
爱国
人物故事

目录
CONTENTS

目录 ○
CONTENTS

多病而贫困的童年时代

湖南省湘潭县城的南面，离城一百来里有个小村庄，名叫杏子坞，乡里人叫它杏子树，又叫殿子树。东头有个水塘，名叫星斗塘，传说早年天空中掉下过一块陨星石，落在塘里，故此得名。星斗塘边上，坐西朝东，有所小茅屋，齐白石就是在那里出生的。1863年（清同治二年癸亥）阴历十一月二十二日，一户姓齐的农民家里出生了他们的长子，取名纯芝。这就是后来的齐白石。纯芝的“纯”字是齐家排辈排下来的，平时父母都叫他阿芝。他最早的号叫渭清，祖父给他取的号叫兰亭。现在人们所熟悉的名字齐璜，是他27岁时老师给取的；老师还给他取号“濒生”，别号“白石山人”。后来他自己简称“白石”，又称“白石翁”“白石山翁”，由于人们习惯叫他“齐白石”，久而久之，他也以此自称了。他一生自起的别号很多，有“情奴”“木人”“木居士”“老木”

"星塘老屋后人""杏子坞老农""湘上老农""江南布衣""寄幻仙奴""白石老农""借山翁""借山老人""一粟翁"等等，这些别号与他的生活经历和思想情感都密切相关。齐白石家里穷得很，除了几间东倒西歪的破茅屋为全家五口人勉强能够遮挡风雨以外，只有大门外晒谷场旁边的一亩水田。这一亩水田，叫作"麻子丘"，

齐白石

"地步"要比别家的亩田大得多，好年景也能收个五六石稻谷。可就这仅有的一亩水田，五六石稻谷，要想糊住五口人的嘴，无论如何是不够的，遇上年景不好，收成打了折扣，就更不够吃了。他祖父和父亲遇上农闲时节，只能出去打点零工，贴补家用。齐白石有一方印"星塘白屋不出公卿"，指的便是这种家史和家境。这个贫穷的家庭生活得很和谐。祖父万秉公，性情刚直，在乡里敢于说公道话，打抱不平，乡亲们称赞他是"走阳面的好汉"，他也以此自负。祖母温和谦让，又能吃苦耐劳，常常戴着十八圈的大草帽，背着孩子下地干活。父亲齐以德安分守己，老实怕事，受了冤枉也只是忍受，从不和人计较争执。母亲和父亲正相反，她既能干又刚强，只要自己有理，就不肯受欺侮。平时处世待人，孝敬老人，和睦邻里，十分有分寸。家里各种劳作和杂务，如种麻织布、养猪养鸡，都是她一手操持。齐白石自出生以后，身体很弱，时常闹病。在他两三岁时，几乎没有一天不闹病的，有时病得非常厉害。祖母和母亲总是四处去请医生，开药方，烧香许愿，求仙拜神。只要打听到哪里有个略有名声的医生，总得想法子去请教。大夫开的药方，积存下来，差不多可以订成厚厚一本书了。家里本就不富裕，再加上吃药的钱，就更困难了。好在齐家男女老少人缘都很好，到药铺里说几句好话，求求人情，就可以赊账，总能解得燃眉之急。直到4岁那年，他才慢慢好了起来。在天气寒冷的日子里，祖父用他那件脱了毛的老羊皮袄把孙子裹在胸前，用铁钳在柴灰上写出一个“芝”字，对他说：“这是你阿芝的芝字！”从此，小齐白石开始学习认字。他晚年曾画过一幅《霜灯画荻图》，题诗道：我亦儿时怜爱来，题诗述德愧无才。雪风辜负先人意，柴火炉钳夜画灰。到7岁时，祖父把所认识的三百来个字都教给了他，再也无法当他的老师了。恰好他的外祖父要在临近的枫林亭教蒙馆，母亲就把平时积攒的斗谷换成纸笔，让他转年上了村塾。外公教的是《四言杂字》《三字经》《百家姓》和《千家诗》。有祖父教的三百来字的基础，再加上天资聪颖，小齐白石学得又快又好，特别是《千家诗》，读起来朗朗上口，很快就背得烂熟。除了背书，外公还教他们在描红纸上写字。写字写腻了，他就用描红纸偷偷画起画来。老渔翁、花草虫鱼和鸡鸭牛羊都成为他写生的对象。他非常喜欢画画，没事时就画几笔，以致新换的写字本不几天就撕完了。外祖父发现他在描红纸上涂画，便呵斥他不干正事，并用朱柏庐《治家格言》“一粥一饭，常思来之不易；半丝半缕，恒念物力维艰”来教导他。但他抑制不住画画的兴趣，便找包皮纸来画。这在他心中留下了深刻印象。直到晚年，他还常把包东西的纸收起来，高兴时就在上面作画。他在七十多岁时给人画过一幅《三省图》，是幅很精彩的佳作。画的是三只冬笋，“三省”是切合三笋的意思，题词说：“不弃家乡包物纸也。”就是用了他家乡寄来包东西的包皮纸画的。那年的年景很不好，地里歉收，他们家的日子就更是难过。家里人手不够，他留在家里，帮着做点事，读了不到一年的书就此停止了。为了解决肚子饿的问题，他到处去找吃的，田里有点芋头，母亲叫他去刨，刨回家，用牛粪煨着吃。他到晚年，每逢画着芋头，总会想起当年的情景，曾经题过一首诗：一丘香芋暮秋凉，当得贫家谷一仓，到老莫嫌风味薄，自煨牛粪火炉香。芋头刨完了，又去掘野菜吃。他后来常常对人说：“穷人家的苦滋味，只有穷人自己明白，不是豪门贵族能知道的。”他到老口味都很清淡，喜欢吃蔬菜，并不多动荤腥，有句说：“不妨菜肚斯生了，我与何曾同一饱。”

穷人的孩子早当家

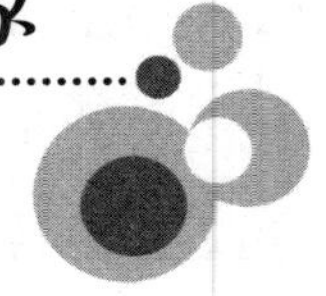

1867年（清同治六年），齐白石的弟弟纯松出生，号效林。1870年，三弟纯藻又出生了。逢年景不好，又添人口，齐白石不得不停学在家帮忙。从1871年至1873年的三年时间里，小小年纪的齐白石，在家已能做好多事了，挑水、种菜、扫地、打杂、带两个弟弟玩耍还要上山砍柴。

齐白石帮家里干活，无论多忙多累，强烈的求知欲都使他忘不了学习。他牢记外公的话：读书是任何地方都能进行的，也是应做的。每天上山放牛、照顾二弟，齐白石都要带着书本。砍柴、拾粪的时候，他先把书本挂在牛角上，干完活之后便读书。不但温习学馆中已学过的几本书，还自己读《论语》，把不懂的地方、不认识的字记下来，积累一段时间就去请教外公。这样一点点积累，竟然把《论语》读完了。除读书外，齐白石还坚持每天写字画画。他暗下决心，要做一个王冕那样的画家。在这样的环境中，齐白石养成了勤奋刻苦的读书习惯，虽艰苦，却快乐充实。

齐白石12岁时，遭遇了人生中一喜一悲两件大事。1874年正月二十一日，祖父祖母和父母做主，给他成了亲。娶的是同乡陈姓的姑娘，名叫春君，比他大一岁。这位陈春君，过门是做“童养媳”的。那时，乡间流行一种风俗，因为家里人手少，很早就给孩子娶亲，为的是让她帮家里做点事。孩子还没有成年，把儿媳妇先接

过门来，经过交拜天地、祖宗、家长等仪式，名目叫作“拜堂”，就算有了夫妇的名分。等到双方都长大成人了，再拣选一个“黄道吉日”成为正式夫妻，名目叫作“圆房”。在女孩子的娘家，通常也是因为人口多，吃喝穿着负担不起，又想到女大当嫁，早晚是婆家的人，穷苦人家的打算，也就很早让她过门。

陈春君是穷人家的女儿，从小习惯操作，能吃苦耐劳。嫁进门后，帮着婆婆洗衣、做饭、做针线，里里外外，样样都拿得起。齐家上上下下都很喜欢她，说她小小年纪就这样能干，算得是理家的一把好手。小齐白石也很喜欢她，听了长辈夸奖她的话，心里更是说不出的高兴。他到了老年，想起童年时新婚情景，好像还有回味似的，很风趣地对人说：“那时疼媳妇是招人笑话的，心里虽是乐滋滋，嘴里非但不能说，连一点意思都不敢吐露出来，只不过两人眉目之间，有意无意地互相传传情而已。”

齐白石娶亲后，家里的气氛非常和谐，一家人其乐融融。不料，天有不测风云，就在这一年六月，祖父去世了。这对于刚刚12岁的齐白石来讲，犹如一个晴天霹雳，这是他人生遭遇到的第一件不幸的事。祖父去世后，家里的劳动力，除了父亲，就算齐白石了，作为长子，齐白石觉得自己长大了许多，他要帮助父亲挑起生活的重担。

1876年，齐白石的四弟出生了。这一年齐白石14岁，便开始下田帮父亲耕种了。齐白石家种的是水田，插秧要整日泡在水里，弯着腰，一天下来，累得连饭都懒得吃。就是在这样艰苦的环境下，生活中一切美好的、有生命力的东西都对齐白石有无限的吸引力。他常常蹲在花草边，仔细观察花蕊、花瓣的形状，比较花与花之间不同的花瓣。他观察树的叶、枝、干的长势，连树叶的脉络纹理都了解得清清楚楚。

一天傍晚，干了一天活的齐白石坐在池塘边洗脚，突然觉得一阵钻心的疼痛。他急忙从水里拔出脚一看，原来是只草虾把他的脚趾钳出了血。这引起了齐白石对

草虾的极大兴趣，通过对草虾的认真观察后，他画出了平生第一只虾，画得栩栩如生，从此一发而不可收。齐白石画的虾，闻名于世，始于此时。

齐白石的家乡星斗塘一带是一个山青水秀的好地方。这里虽然没有黄山的云海、匡庐的劲松，也没有漓江的烟雨、阳朔的秀峰，但在幼年的齐白石看来，却是一个看不够、玩不厌的人间乐园。

阳春三月，呢喃的紫燕用剪刀似的长尾给大地裁出绿衣。齐白石拎着竹篮、铁铲，踩着没脚的浅草去挖野菜了。路边地头、沟沟坎坎，撒满了他从祖母口中学来的民歌童谣。夏天的星斗塘，更是他和小伙伴们眼中的明珠。傍晚时分，塘里的荷花，绽开一簇簇红色的、粉色的、白色的花瓣，屹立于青萍碧叶之上，摇曳在霞光水色之中，仿佛是一群少女，守着一个彩色的梦。一阵清风拂过，偶尔有几片花瓣飘落，引逗得鱼虾追逐，翠鸟啁鸣。

这时候，放牧归来的齐白石，吹着柳笛，甩着长鞭，让牛儿到塘边饮水。然后便和小伙伴们像一群黑得发亮的丑小鸭“扑扑通通”地跳进塘里，小脑袋朝水中一扎，小脚丫往上一翘，尽情地捉鱼摸虾。秋天，在多愁善感的文人笔下，是那样惨白、凄清，而在齐白石眼里，它依旧是一幅五彩缤纷的图画。

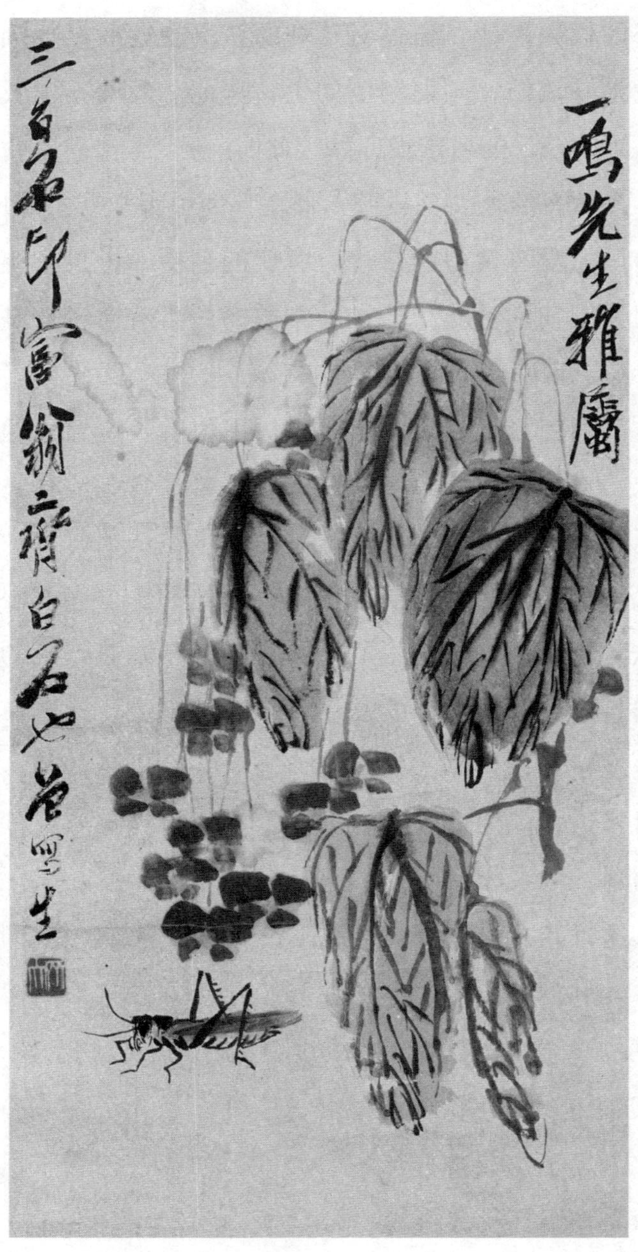
一鸣先生雅属

瞧吧！星斗塘里，残荷不残，芙蓉虽落，代之以结实的莲子，交错纵横的莲梗，与累累硕果点头倾谈，像是在歌唱秋天的热烈充实；那漫山遍野的野花，把秋天打扮得更丰美娇艳。它们有的像夜空中闪烁的星星，有的似阳光下撑开的彩伞；野菊花抖落着黄金，炫耀着自己的富有，牵牛花吹奏着透明的喇叭，显示自己的歌喉。野花就像山里的孩子一样，不择土壤，不畏风雨，也不问是否有人关注，只是按照自己对生活的理解和追求，默默度着平凡而闪光的年华。

齐白石上山放牛、砍柴，常常和山花说悄悄话："等我长大，有了本事，一定把你们都画出来，让天下的人都知道，星斗塘的花最香、最美。"喧闹的秋天过去后，大自然俨似一位丰腴的美人，骤然间变成一个消瘦、孤寂的老太婆。不过，对于每天需要和大自然打交道的农家孩子们来说，冷寂中同样会觅到无限乐趣。有人说：美丽的环境能够孕育美丽的心灵。星斗塘一带充满诗情画意的田园风光从小便培育了齐白石一颗敏感多情的艺术之心。他热爱故乡的一山一水、一草一木，所以常常见于题画，形于诗歌。

最初，齐白石在地上画。他在放牛或在田间地头歇息的时候，便用手平整一块沙土，用竹枝木棒照着眼前的景物画。上学后，描红练字是书馆学生的主课。祖父把存放了不知多少年没用过的砚台、半截墨和一枝新买的毛笔交给了齐白石，他非常高兴。

齐白石对描红觉得很新鲜、很喜欢，因为他很早就喜欢画画，可从来还没有用笔在纸上画过。从这时起，他描完了红，总是要画一两张画。他画画，先是画人。他对着前面座位上的同学，看一看，描一描。先画圆圆的头，然后画耳朵、鼻子、眼睛、嘴，慢慢地加上手、脚、衣服，谁也弄不清他画的是谁，但是都看出他画的是人。

一天放学回来，齐白石被一位小女孩拦住了。原来小女孩的妈妈要生产了，按当地的风俗，谁家生孩子总要贴上雷公的像，保佑孩子将来长寿、平安。眼看孩子要生下来了，小女孩的奶奶却急了，原来一家人忙三火四地竟然忘了找人画像。小女孩情急之中，一下子想到了齐白石，她早就听说了齐白石酷爱绘画的美名。

齐白石听小姑娘说完，却被难住了。自己虽然常画画，但大多都是乱涂乱抹，没有一点章法。这样的手艺是绝对拿不出去的，他看了看小女孩，小女孩也正在用乞求和充满希望的目光看着他。齐白石挠了挠脑袋，从不服输的倔强天性促使他很干脆地答应了。

齐白石对雷公像并不陌生，村旁的王爷殿里就有，他曾跑去看过多次，但要真画起来，他心里可真是没底。

齐白石在想着办法，旁边的一位小朋友提醒了他：照着别人家门上的像照画一张不就行了吗？对！齐白石带领一群小伙伴，飞快地跑到村西头一个同学的家门口，门上正贴着一张崭新的雷公像。这张画画得很好，因为刚贴上不久也很清晰。浅黄色的纸上，用朱砂勾勒出雷公神狰狞的面目，那两只眼睛很圆很大，大约占去面部的咧着的大嘴，露出了几个牙齿；嘴边的胡须向四周翘起；满身披甲，赤着脚；两手提着铜铃，威风得很。

齐白石被这神像深深地吸引住了，他目不转睛地看着，几乎忘记了一切。他席地而坐，忙着把纸铺在地上，对着那门上的雷公像，一笔一画地、精心地画了起来。

过了好一会儿，终于画完了，但是仔细一看，却画得不像。齐白石皱了皱眉头，冲着神像思索了好一会儿，他发现了一个最合适的视角。

有人很快搬来了凳子，齐白石站到凳子上，把纸紧紧地敷在雷公像上面，然后用笔轻轻地勾勒起来。这样画比较吃力，画着画着，两鬓的汗珠顺着脸颊、脖子不住地往下淌。他似乎没有觉察，完全沉浸在了画画的乐趣中去了。果然，这次画得比较成功，像的轮廓勾得十分精确，与贴在门上的雷公神极为相似。

齐白石成功地勾画了一幅很好的雷公像的消息，很快便在周围传开了，它大大鼓舞了齐白石学画的信心和勇气。这次偶然事件启迪了一位天才艺术家的心扉，促使他以后走上了绘画的道路，成为近代中国画坛的一代宗师。

以后，齐白石用自己的描红纸，一次又一次地勾画雷公像。等到很熟悉之后，他便撇开原稿，放手画了起来。俗话说：熟能生巧。实践使他获得了新的经验。

接下来，齐白石又开始了新的尝试。那时，有一个姓焦的老头，长得极富特点，给他留下了难忘的印象。他只要一闭起眼睛，焦老头的神态就清晰地浮现在眼前。

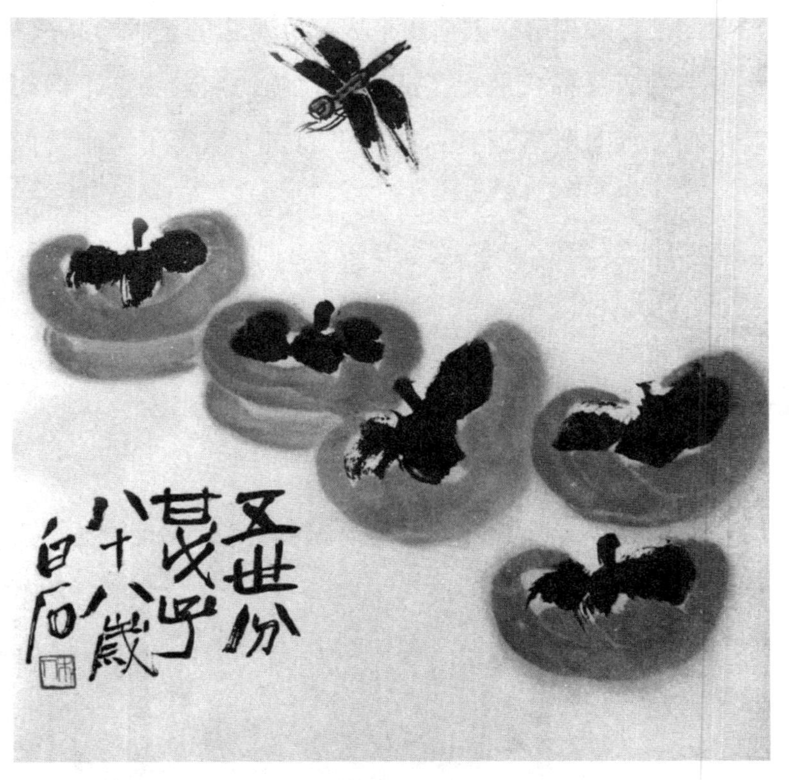

齐白石又偷偷地跑到焦老头家观察了许多次，就开始画了。可是要把他脑子里的东西，变成纸上的东西，这是头一回，他深感到这不是一件容易的事，但他并不因难而退。虽然他不可能受到郑板桥的“眼中之竹、胸中之竹、手中之竹”的指点，但却是这样地实践了。

如果说，任何胚胎都孕育着复杂的有机体的一切因素，那么，齐白石最初的这种原始的、近乎游戏的艺术创作，却触及了中国传统绘画的基本特点，那就是根据形象的记忆和理解，创造出令人叹为观止的艺术珍品。

齐白石又一次取得了成功，他画的焦老头，不但相貌酷似，而且神态逼真，在孩子们当中赢得了“画得像

极了”的最高称誉。这便更加唤起了他画画的激情与兴趣，促使他不断地去画。除了习字背书，他的全部业余时间都被画画占去了。画画，写字；写字，画画。小小艺术家的精神是多么的美好、充实！

他已不满足于仅仅能画人物了；另外还画花卉、树木、飞禽、走兽、虫鱼等等。凡是所见到的一切，他都仔细地去观察、去画。

水牛、马、鸡、鸭、鱼、虾、蚱蜢、螃蟹，他天天见到，十分熟悉，所以也画得最多、最好。蓝天上飞翔的春燕，绿荫下小憩的耕牛，杏子塘里拨着清波的鸭子，以及跳跃于荷叶上的青蛙，如今都在他的笔下展现了出来。在诗意般的激情与朦胧之中，他看到了自己的创造力。他陶醉了，兴奋了，于是他日复一日，一张一张地画了下去。

然而，齐白石很快就因画画“大难临头了”。一次，在枫林书馆里他扯竹纸本画画时被周雨若发现。这时他才忽然想起齐白石的描红本用得很快，不几天就一本，原先以为他在练字，没料到他竟是拿描红纸画画去了。

“乱涂乱画，不学正经事。你看看，耗费了多少描红纸，这是要荒废学业的，你要改。”周雨若又生气又怜爱地看着阿芷。他看得出来齐白石的画已经有了很好的根基。然而一个贫困家庭的孩子，连糊口都困难，哪有条件去画画?

齐白石依然继续地画，只是秘密了些，不敢公开在课堂上画了。但还是被周雨若觉察了，他发现齐白石的描红本又撕去了不少，知道他还在画画，于是又生气了。

“最近画了没有?”周雨若十分严厉地问。

“画了，不过大多是拿家里包东西的废纸画，没了，才拿描红纸。”齐白石垂着头，轻声地回答。这是实话，上次周雨若谈了那么多的话，他只记住了一句：“描红纸来之不易，要珍惜。”所以，他就想了个办法，把家里包东西的纸，统统地收集了起来，一张张地理好，收藏起来。

周雨若心痛了，他知道外孙也并未因画画而荒废了学业。他为自己的外孙出身贫寒而叹惜不已。唉，若生在富人家……周雨若挥舞了一下手中的戒尺，可并没有落到齐白石的头上。

其实，齐白石也弄不清楚自己为什么像着了迷一样这样喜欢画画，一天不拿笔画上个什么鸟呀、花呀、鸡呀、牛呀，心里就不踏实。既然外公管得更加严了，那就不在书馆里画。

齐白石带着一群小朋友，跑到王爷庙右后方松树林里去了。这里僻静、幽邃，一般人是不会到这个地方来的。那时正是清朝同治年间，在中国腹地的一个偏僻山村，齐白石的画给这群纯真的、智慧之花初开的孩子们带来了清新，为书馆里平淡、刻板、枯燥、乏味的苦读生涯增添了几分乐趣和活力。

齐白石下决心要坚持不懈地画下去。他在学业上，几乎不用费力，有相当多的时间，可以用来画画。时间是属于他的，只是描红纸，不敢再用了。那是爷爷、爸爸的血汗钱换来的呀！这一点，他是不会忘记的。那次爷爷得了重病，到镇上去买药，药没有买，却给他买来了描红本和笔。这是一片怎样的心意啊！从那以后，齐白石似乎长大了许多，懂得了许多许多的事。他不再用描红纸了，尽量地利用废纸，但他仍然要画。

周雨若终于被齐白石感动了，他改变了自己的态度：“画画也好，或许将来能有出息。听说过王冕吗？宋代人，也是个穷孩子，放牛的，跟你一样，天天画，终于成为一代画师。”

“听说过。”齐白石兴奋地望着周雨若，眼睛里放射出异彩，他简直不敢相信外公会这样肯定他的绘画。他振奋了。

在齐白石的眼中，一切事物都有自己的特点，画时不可废了规矩。比如玫瑰：“它的刺多是向下长的，所以常常挂人的衣服。”又比如紫藤“南方的紫藤是花与叶齐放的，北方是先花后叶，另有风趣”。

后来成为大师的齐白石，其笔下产生的感人的小生命形象，朴素无华的山花野草的形象，很大成分是得益于童年对生活的强烈感受。在齐白石的笔下花、鸟、虫、鱼，特别是他画的墨虾、墨蟹等不是物象在纸笔间的再现，而是从艺术的角度，赋予它们欢乐的、欣欣向荣的性格，赋予它们无限的乡情、无限的生命力和神奇的魅力，令人感到亲切、兴奋、浮想联翩。

齐白石和这些来自家乡、来自童年的最熟悉的小生命结下了不解之缘。即使远居北京，他还把一些虾蟹养在玻璃缸中，细心揣摩，入微观察，所以画起来得心应手，挥笔而就。画的语言和诗的语言一样，无不借景抒情，借情寓意。着笔草虫，寄情乡土，不仅反映出画家一颗未泯的童心，也反映出画家浓郁的乡土气息。

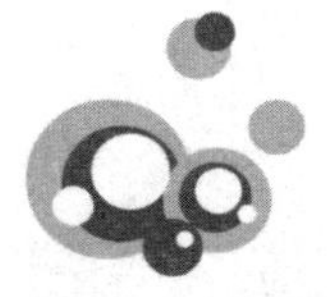

学做木匠

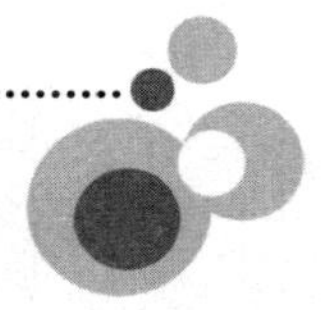

齐白石13岁那年，为了祖父的丧事，原本贫穷的家里又欠了几笔债务，吃饭尚且困难，债又不能不还，家里的困窘可以想象得到。祖父去世之后，田里的活只有父亲独自承担，也显得劳累不堪，母亲常常是面带忧色地哀叹：“阿芝啊！我巴不得你们兄弟几个快快长大。等你们身长长到七尺，帮着你父亲干点活，一家人的嘴，才能糊得下去啊！”幼小的阿芝看着母亲的脸色，忧郁得很，心里也有说不出的难受。

第二年，他母亲生了四弟纯培，号叫云林。家里的粗细活儿，都由他尚未圆房的妻子陈春君帮着料理，倒也让他母亲放心不少。齐白石从小身体就弱，三四岁前常常有病，祖父在世时，平时只叫他砍柴、放牛、捡粪，做些不很劳累的事情，在家也不过是打打杂，田里的活，他虽然一直想做做，可是祖父从来没同意过。现在祖父

齐白石故居

去世了，家里人手不够，他就开始跟着父亲下田了。可他实在不擅长干农活，父亲教他扶犁，学了几天，顾了犁，却顾不了牛；顾得了牛，又顾不了犁，常常是弄得满头大汗，牛和犁还是顾不到一块儿。父亲看他下田干活，费了很大的劲，活也没有干好，怕他勉强地干下去，身体经受不起，就同他祖母和母亲商量，想叫他从师去学一门手艺，将来好能养家糊口。

齐白石有一个本家叔祖，名叫齐仙佑，是个大器作木匠，乡里人都称他“齐满木匠”。大器作木匠是做粗活的，又称“粗木作”，能做点家用的床椅桌凳和田里用的犁耙水车之类，而盖房子立木架，却是唯一的本行。他祖母是齐满木匠的堂嫂，年初齐满木匠来向他祖母拜年时，他父亲就顺便提起此事，齐满木匠倒也不推辞，一口答应下来。隔了几天，按照木匠的行规，拣了个好日子，父亲领着他到齐满木匠那里，去行拜师礼，吃了进师酒，他就算齐满木匠的正式徒弟了。

齐白石心灵手巧，跟着师傅学手艺，很快就看出了门道，心里有数，手里也就有了谱，桌椅的腿，居然能做得大小合适，长短一致了。可是他体力比较差，逢到人家盖房子，他和师傅去给人家立木架，师傅叫他扛一根大檩子，他非但扛不动，连扶都扶不起来。齐满木匠生气了，说他连檩子都抬不起来，还能做什么！房子还没完工，就把他送回了家，他父亲像被泼了盆冷水似的，失望极了。当时乡亲们都知道他给师傅送回来了，都说“阿芝哪能学得成手艺！”他听了很受刺激，发愤立志苦练手艺。

不到一个月，齐白石的父亲又托了人情，找到一位大器作木匠，领他去磕头拜师。这位木匠也是他家的远房亲戚，名叫齐长龄，脾气也比较温和，很能体恤徒弟，知道他力气不够，对他说：“别着急，好好地练吧！无论什么本领，都是朝练晚练，练出来的。只要肯下苦功，常常练练，力气都是练得出来的。”齐白石听了师傅的话，信心大增，不断地练着，过了段日子，动起斧子来，不觉得费劲了。一根中长的檩子，也能扛起来了，走起路来也不觉得费劲。齐长龄不说他不中用，反而说他肯听话，为了照顾他的身体，不叫他干太累的活。

那年秋天，师傅带着齐白石去给人家做家具，完工后，二人一起回来，就在田垄上遇到三个人，背的也是木匠家伙。他想：这一定是同行了，也并不在意。不想，师傅却毕恭毕敬的，直等那三个人走远，才拉着他往前走。他不懂问怎么回事，师傅拉长了脸，语气很沉重地说：“我们是大器作，做的是粗活；他们是小器作，做的是细活。他们能做精致小巧的东西，还会雕刻花活，这种雕花手艺不是聪明人是学不来的，我们怎敢不知自量，和他们并起并坐呢?”齐长龄认为是天经地义的道理，很严肃地和他说，齐白石嘴里虽然没说什么，心里却在盘算：“小器作跟大器作都是木匠，有什么高低可分！虽说雕花这手艺比较细致，学起来难一些，但是人家会的，自己怎么就学不会呢?”从那天起，他就决心做雕花木匠了。

做雕花木匠奠定了学画的基础

1878年，齐白石16岁了，年纪大了一些，自己对人生的许多事能够想得更明白了，就把愿意去学小器作的意思，和家里说了。他祖母首先表示同意，父亲母亲也都说很好。不久，他父亲打听到离他们家不太远的周家洞，有个名叫周之美的雕花木匠，要领个徒弟，就赶紧托人去说，可喜成功了。齐白石辞别了齐长龄，到周之美那里去拜师学艺。周之美的雕花手艺，在白石铺一带是很出名的，用平刀法雕刻人物更是当时数一数二的绝技。

齐白石喜欢这门手艺，又佩服师傅的本领，他天资聪明，带着兴趣去学，当然学得又快又好，师傅也很喜欢他，肯耐心教他，师徒二人可谓十分投缘。当时，周之美已经38岁，膝下还没有一男半女，收了他这个徒弟，就当作亲生儿子看待，常说：“我这个徒弟，学成了手艺，一定是我们这一行的能手。我干了一辈子，将来面子上沾着些光彩，就靠在我的徒弟身上啦!”

1881年，齐白石19岁，学徒期满，家里挑了一个好日子，请了几桌客，把出师和“圆房”合在一起庆贺。出师和成亲，意味着齐白石走进了人生的一个新阶段。

刚出师的齐白石，仍然跟着师傅一起做活。有钱人家办喜事，雕花家具总是少不了的。师徒俩手艺好，齐

白石也渐渐有了些名气，人们见了他，都叫“芝木匠”。他们师徒俩常去的地方，主顾越拉越多，有时师傅忙不过来，就由他一人去了，生意倒是源源不绝。雕花得来的工资，全数交给母亲，贴补家用。但他家人口多，这点工资只能小补，家里还是经常闹饥荒。于是又利用闲暇，用牛角等材料雕刻一些既实用又好看的烟盒之类的小东西，托杂货铺代卖，以解柴米之困。《白石老人自传》谈到这段雕刻生涯时说：

“那时雕花匠所雕的花样，差不多都是千篇一律。祖师传下来的一种花篮形式，更是陈陈相因。雕的人物，也无非是些麒麟送子、状元及第等一类东西。我认为这些老一辈的玩意儿，雕来雕去，雕个没完，终究人要看得腻烦的。我就想法换个样子，在花篮上面，加些葡萄石榴桃梅李杏等果子，或牡丹芍药梅兰竹菊等花木。人物从绣像小说的插图里勾摹出来，都是些历史故事……我还用脑子里所想到的，造出许多新的花样，雕成之后，果然人都夸奖说好。我高兴极了，益发地大胆创造起来。”

20岁这年，齐白石偶然在一个主顾家里，见到一部乾隆年间彩色套印的《芥子园画谱》。《芥子园画谱》，又称《画传》，诞生于清代。清代著名文学家李渔，曾在南京营造别墅“芥子园”，并支持其婿沈心友及王氏三兄弟

(王概、王蓍、王臬)，编绘画谱，故成书出版之时，即以此园名之。此画谱堪称中国的教科书。

齐白石仔细翻阅之后，发现自己以前画的东西，多不合章法，都有点小毛病，故如获至宝，遂借来用勾影雷公像的方法，画了半年之久，勾影了16本之多。从此，他以这个画谱为根据来做雕花木活，既能花样出新，画法又合规则，没有以前搭配不好的毛病了。渐渐地，他在雕花之余，也作起画来，主要是古装人物和神像，如八仙、美人、戏曲故事以及玉皇、老君、财神、火神、龙王、阎王等。这些画在乡间很受欢迎，画成一幅，可以得到一千来个钱。如今，他画的神像功能已难寻觅，但还能在他画的古装仕女人物中看到芥子园的影子。

齐白石简直入迷了。每到夜阑人静之时，他便偷偷地拿出画谱，就着微弱的灯光，如饥似渴地、贪婪地看着、揣摩着。若有人声响动，便急忙把书放回原处，怕被主人发觉。这样，每天晚上一吃完饭，齐白石就回到屋里，拉上窗帘，尽情地、静心地看起《画谱》来，一边看，一边比画着。他后悔自己没有带纸笔来。案上虽然摆着砚台、宣纸和笔，他手痒痒的，但不敢动，因为这是主人的，他从不随便使用人家的东西。

过了没有多久，蔡家的活儿便完工了，他多么希望能再有活让他多干几天！但是，即使能留下来，这样偷

偷摸摸地看也不是长远的办法，匆忙看一遍，能够读懂多少呢？

临走的时候，齐白石终于鼓足了勇气，向主人开口索借《画谱》。对艺术的酷爱使他顾不了可能被拒绝后的沮丧和尴尬。没料到主人素来看重白石，对这个勤奋好学的小伙子有着深深的好感，于是便很爽快地答应了。

齐白石捧着《画谱》，爱不释手。他没想到自己会借画成功。20多里路，齐白石像长了翅膀，一会儿就到了家，一路上他简直是心花怒放。

征得母亲的同意，齐白石抽出工钱中的一小部分，买下了一点颜料、几杆新笔。工作余暇的夜间，齐白石便在昏暗的桐油灯下，照着画谱传授的用笔先后，对着一幅一幅的范本，认真地临摹起来。对艺术的专心致志战胜了疲劳，出现在“包皮纸”或“包烟纸”上的一枝花、一只鸟给他带来了无限的快乐。他在日积月累中初步掌握了水墨画的技巧。

临摹完这些画，花去了他半年多的业余时间。他把这些画，按照原来的样子，装成16本，自己还精心地设计了一个封面。

这是当代艺术大师齐白石在他青年时代进行的一次最大规模的绘画实践。虽然在当时还很难看出它对这位大师一生事业的深远影响，但是有了这套书，使他雕花的技巧跃进到了一个新的阶段，画谱为他开拓了一个完全崭新的境地，他的声誉已远远地超越在老师周之美之上了。

在祖国深厚的艺术土壤之中，齐白石逐渐走向了成熟。6年时间里，他不知按照《芥子园画谱》临了多少遍，积累了上千张的手稿。从枫林亭学馆画雷公像到如今临摹几千张画，20多个年头，饱含着他的执着的追求与热切的期待以及那说不清道不尽的欢愉与惆怅，他走过了一条艰辛而光辉的艺术之路。他的绘画生涯，就这样作为雕花木匠的一个副业正式开始了。周之美曾深有感慨地对别人说过："我知道这孩子不一般，有出息。他从小就有志气，干什么，学什么，认真得很。"事实的确如此！

齐白石21岁那年，妻子陈春君生了个女孩，这是他的长女，取名菊如。他从22岁到26岁这5年之间，仍以雕花活为生，有时忙里偷闲，做些烟盒等小件东西，找几个零用钱。乡里人知道他会画，常有人拿着纸，到他家去请他画。在雕花的主顾家里，做完了活，也有留着他画画的。请他画画，并不叫他白画，多少有点报酬，送钱、送礼物都有。他画画的名声，跟雕花的名声，同样地在白石铺一带传开了——芝木匠会画，芝木匠画得很不错，在乡里出了名。

1888年，齐白石26岁，经公甫和其叔齐铁珊介绍，拜在湘潭著名画师萧乡陔门下。萧乡陔名傅鑫，湘潭朱钿人，是个纸扎匠出身，自己发愤用功，四书五经读得烂熟，也会作诗，画像是湘潭第一名手，又会画山水人物，是个多才多艺的人。萧乡陔很器重他，不仅把自己的拿手本领传授给他，还请另一画像名手文少可指点他。当时在各地流行的肖像画法有两种，一种是传统的勾勒填色法，一种是融合了西方素描的擦炭法或水彩法。从留存的齐白石早年画像作品可知，他学了擦炭法，也学了传统工笔画法。自从认识了萧、文二位，齐白石的画像就算摸得着门径了。

二十七岁始学画

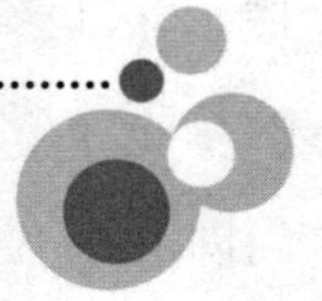

那是光绪十四年（公元1888年），24岁的齐白石还是个雕花木匠，叫齐纯芝，人称芝木匠。附近有个会琴棋书画、诗词歌赋又喜结交朋友的秀才胡沁园先生，他出生在一个书香世家。少年时代，受过严格的、系统的中国传统文化的教育，书、诗、琴、画都打下了深厚的基础。他生性任侠、豪爽、风雅，素喜交友，所以家里常常高朋满座。

胡沁园早就听说过齐白石，也看过他的画。他觉得一个木匠能画出这样的画，很难能可贵。这次，与齐白石意外相会，他十分高兴。为了当面试一下齐白石的本事，胡沁园出了一个“飞来佳禽对语”的画题，在解释了题旨之后，叫齐白石画一张横批。磨好墨，经过时间不长的构思，齐白石便画起来。最后搁笔时，画面上出现了一个人面向敞开的窗口，窗外是一对展翅归来的燕

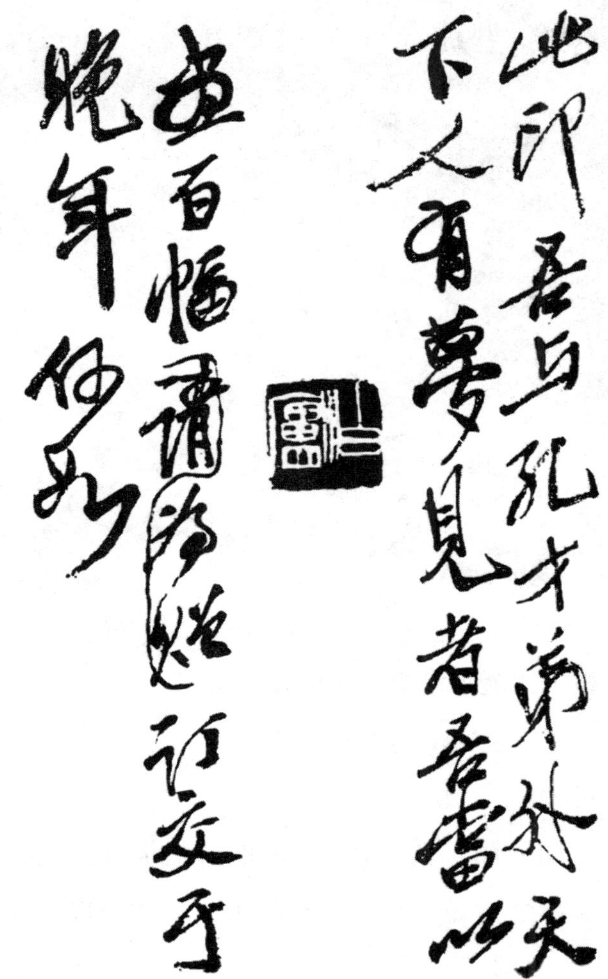

子。很多人异口同声地赞好，胡沁园也点一点头，对在座的人说："很可以造就。"

"你愿不愿意读读书、学学画？"胡沁园拉住齐白石的手问道。

“想学，就是家里太穷，学不起。”齐白石说着，脸上便蒙上了一层薄薄的愁云。

胡沁园说：“怕什么！《三字经》里面的‘苏老泉，二十七，始发愤，读书籍’，你正当此年龄，只要有志气，什么都学得好，我有意收你为徒，你可以在我家一面读书，一面卖画养家。”

“穷没关系，只要有志气，一面读书学画，一面卖画养家，也能对付得过去。”胡沁园安慰着齐白石。“自古名士出寒门，这是很有道理的。三国的董季直，晋代的车胤、孙康，穷得没有油点灯看书，就用萤光、冬雪作照明，终于作出了大学问。你只要肯下功夫，来日可待。”齐白石听后异常兴奋，他没想到大名鼎鼎的寿三爷竟这样关心贫苦人。

“一面读书学画，一面卖画养家。”这是一条多好的道路。齐白石怀着十分感激的心情，向胡沁园深深一躬，大有“相见恨晚”之意。这次意外的会见，给了齐白石一个新的转机。他当时连做梦也没有想到，这对于他以后的人生道路、艺术生涯会具有那么大的决定意义。

从此，纯芝在胡家住下，“烧松烟以夜读，步落月而晨吟”，潜心钻研诗词书画。胡沁园是书香门第，教育子侄外甥和家人不得对纯芝有任何怠慢、冷落的表现，并准备了15担谷、300两银子，找几个力夫送到他家，以解除其后顾之忧。

光绪年间，陈少蕃是湘潭十都一带公认的饱学先生。他教学生，不仅注意八股文，试帖诗，还有意地给学生讲古文，教唐宋诗，并且提倡看小说，常说《红楼梦》里大有经纶。和陈少蕃同时享有盛誉的胡沁园，是出身地主阶级的知识分子。他能写一手汉隶，画工致的花鸟鱼虫，做些田园诗，以陶潜、陆游为宗，而归于张问陶那一派。

胡沁园和陈少蕃一道，以发现并尽自己的力量培养一个天才为人生一乐，也当作一件十分慎重的大事。胡沁园为便于纯芝将来作画题诗，给他取了几个名字。胡沁园对为纯芝授课的陈少蕃先生说：“按照老习惯，在授课前需要给纯芝取个名、取个号，是不是取个璜字，斜玉旁的璜。”陈少蕃说：“好，有意思，半璧形的玉。取个什么号呢?”“你看，濒生如何?”“不错，湘江之滨生，湘江之滨长。”胡沁园说：“画画恐怕还要取个别号。纯芝的家离白石铺近，就叫白石山人吧！”从此，“齐白石”这个名字，伴随着他辉煌的艺术生涯，传遍了祖国大

江南北，传遍了五湖四海。

齐白石自称在诗书画印中其“诗第一”。齐白石很爱诗，作画从学诗开始，从学诗中努力提高自己的文化素养，培养自己的想象力和创造力。齐白石开始攻读唐诗，不到半年就把《唐诗三百首》基本读完。一次，胡沁园询问他学唐诗的情况，他对答如流，把唐诗背得滚瓜烂熟。情况的发展超过了胡沁园的殷殷期望。蕴蓄着无限天才但又深感自己学力不足的齐白石，白天读“唐诗三百首”，用同音通假字自注生字的音，写在书页的空白处，温习时一边读一边死记。晚上，在“藕花吟馆”踏着一只“烘笼子”（冬季取暖工具）或挥动蒲扇，借着桐油灯所发出的暗淡的灯光，读了写，写了读，几乎忘记了疲劳，忘记了睡眠。就这样勤攻苦读，不到两个月，齐白石便以惊人的记忆力和领悟力烂熟了功课，赢得了老师的高度赞誉。又过了两个月，他读了《孟子》《春秋》，然后攻读唐宋八大家的作品，硬是把一部164卷的《唐宋八大家文钞》攻下来了。齐白石在胡家日夜吟诗作画，进步神速。

一年一度的诗会到了，诗友们欢聚一堂，吟诗作赋，大家在吟诵自己的得意之作。胡沁园来到齐白石身边悄悄地说：“你也吟诵一首吧！”齐白石走上前去，深深地向大家行了鞠躬礼，然后吟诵自己的第一首诗：“盛名之下岂无惭，国色天香细品香。莫羡牡丹称富贵，却输梨橘有余甘。”真是不鸣则已，一鸣惊人，诗友们报以热烈掌声。胡沁园说：“盛况难再，是不是还要濒生画幅画，助助兴。”齐白石答：“试试吧。”十来分钟后，一枝傲霜斗雪的腊梅出现在宣纸上。这是齐白石拜师后的第一幅画，表现得是那么有诗情、有画意，又获得一阵阵掌声。有人提议胡沁园题上款以作留念。胡先生挥笔写下七言诗：“藉池相聚难逢时，丹青挥洒抒胸臆。寄意腊梅传春讯，定叫画苑古今奇。”落款是“濒生作画，沁园题诗并书”。

齐白石全家7口，四代同堂，全靠他维持家庭生活。每当想到贫寒的家境，总是彻夜难眠。胡沁园看透了他的心事，说：“把画学好了，还怕没饭吃？常言道：书中自有黄金屋。你有了这支笔，什么都可以改变。”齐白石决心按照恩师的指点，走卖画养家之路。首先，在胡沁园的引荐下，齐白石为胡的姐夫、一位70多岁的长者云山居士画像。傍晚时分，一张高3尺多、宽2尺多的巨幅画像完工了，大家称赞他画得传神。此后，请齐白石画像的越来越多了。每画一张像，人家就送他一二两银子。齐白石走上了卖画养家之路，家庭生活有了转机。

对于胡沁园的知遇之恩，齐白石是刻骨铭心、难以忘怀的。27年了，他自己走过了一段多么曲折、艰辛而

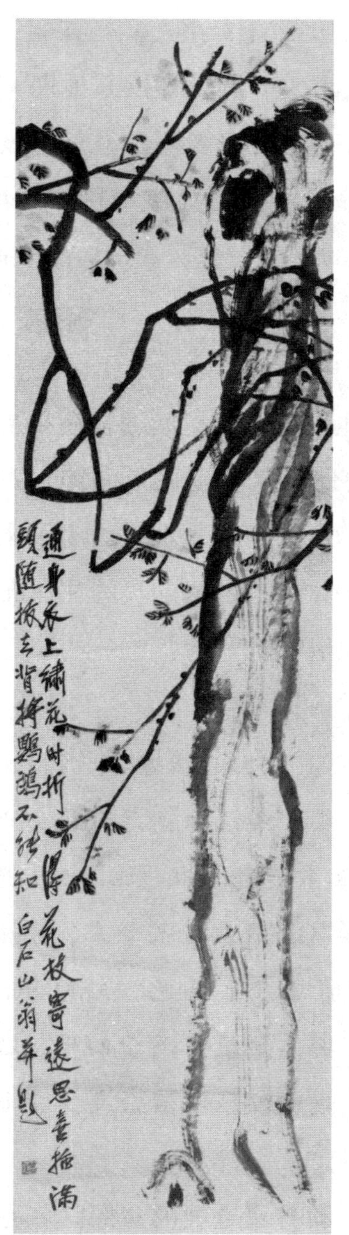

又漫长的学画道路，直到今天才得到了名师的指点。胡沁园与自己素昧平生却一见如故、倾力相助，这是一种多么高尚的人格啊！齐白石暗下决心，决不能辜负恩师的培养和期望。

27岁那年，齐白石停止了木工生活，一心开创他的绘画事业。这一年成了他生命中的转折点。此后，他早起晚睡读书练画，日日如此，专意翰墨。当时，齐白石家里的景况愈益不好，人口一天天增多，年景不是旱就是涝，田里庄稼收不了多少。赋税又重，全家人常常有了上顿没有下顿，过着十分凄苦的日子。

胡家安适、丰厚的生活，不但没有拉开他同家庭的距离，反而加强了他对家庭的关切和怀念。每当夜阑人静，妻子愁苦的面容、父亲弯腰驼背扶犁耕作的情景、母亲骨瘦如柴、风吹欲倒的身影……，一一浮现在眼前。他常常暗自流泪。

他不顾疲劳，不顾身体，一个劲拼着干。为了一幅像的2元到4元的酬金，他以在纱衣里面透视袍褂上的团龙花纹的绝技，从乡下的地主家画到城里的绅士家。三十几年后，也就是齐白石61岁定居北京时，为了永远不忘掉这段备受艰辛的学画生涯，他在自己的住所布置了一间屋，取名“甑屋”，在匾额上写着：

> 余未成年时喜写字，祖母尝太息曰：“汝好学，惜来时走错了人家。俗语云：三日风，四日雨，哪见文章锅里煮！明朝无米，吾儿奈何！”后二十年，余尝得写真润金买柴米，祖母又曰：哪知今日锅里煮吾儿之画也。匆匆余六十一矣，犹卖画于京华，画屋悬画于四壁，因名其屋为甑，其画作为熟饭，以活余年，痛祖母不能同餐也。

这是白石30年间，卖画养家生涯的写照。就是在这样的困境中，齐白石崛起了。在韶塘，横在齐白石心上的事莫急于读书、莫大于画画，实际上他也是齐头并进顾此不误彼。他如饥似渴、废寝忘食地学习着、练习着，几个月下来，人都累瘦了。

苦学拜师，除了胡沁园的传授外，在上一年，他已通过一个叫作齐铁珊的介绍跟萧芳陔学过画像，又因萧的介绍，接受了文少可的一些技法。因为有着“木工拈

箸先拈笔”的自我练习，又从萧、文二人学习过，来到韶塘之后他很快地接受了胡沁园在“立意”“用笔”上的很多传授，并且通过胡的介绍，跟谭荔生学习画山水，又观摩了胡家所藏很多古人和当时人的作品，同时又不断地练习、创作，这些使得齐白石的绘画艺术有了突飞猛进的提高。不到一年，除了画像，他已掌握了画山水、人物、花鸟的基本技巧。

就在1889年的冬天，齐白石完成了题为《琴书至乐园》和《浮湘望岳图》的两轴山水，显示了齐白石“外师造化，中得心源”的艺术天才。他的功力被胡沁园夸奖为“已到云林境”。

齐白石谦虚好学，博采众家之长。特别值得提出的是齐白石不光向活着的老师学习，还用最大的努力向前人学习，向民间画家学习。乾嘉年间的湘潭几位民间画家王可山、陈竹林等的画使他颇受教益。齐白石把这些民间画家的优点和“八大山人”的笔法结合起来，逐渐走上了“以我少少许，胜人多多许”的道路。更为可贵的是，齐白石不但娴熟地继承了中国文人画的优秀传统，而且把民间劳苦大众在困厄之中那种欢乐、坚韧不拔、蓬勃向上的精神风貌，融进了自己的作品之中，形成了自己独特的艺术风格，为未来的独创门户准备了条件。

这一时期，在陈少蕃的悉心教导下，齐白石还读书万卷，成为饱学之士，并且学会了作诗。1889年4月初，很多人在韶塘举行咏牡丹诗会。出乎意料的是，初出茅庐的诗人齐白石吟出了“莫羡牡丹称富贵，却输梨橘有余甘”的佳句，在当地被广为传诵。这是他的处女作。这时经常往来韶塘的一些和齐白石年岁相当的人，如王仲言、罗真吾、罗醒吾、陈茯根、谭子铨、胡立三等都和他定交，常常一起商量学问。和这些人相处，齐白石除了研读古人的诗文，还接触了《西厢记》《红楼梦》《聊斋志异》等古典文学名著，好多章节都背得滚瓜烂熟。此后，他们组织了“龙山诗社”，被时人称为“龙山七子”。齐白石在诗社被誉为“诗仙”。40年后，王仲言回忆“诗社”时评价齐白石说：“天才颖悟，不学而成，一诗既成，同辈皆惊，以为不可及。”我们的艺术家就这样登堂入室了。

一次，齐白石精心画了两幅画：一幅是《耕牛图》，意思是像牛一样老老实实耕读在砚池里；一幅是《兰竹园》，兰气飘溢，意思是虚心学习永不骄傲。1895年，31岁的齐白石被诗友们推选为龙山诗社社长，向他求画的也越来越多。一天，齐白石正在裱画以便送人，开始上浆时，胡沁园来了，他看到那幅画很满意，觉得题词落款也好，但总感到这幅画中还缺点什么，就问：“濒生，你怎么不落印呢？不要以为只要把画画好就是好作品，印在每幅画中能起关键作用，中国画是以诗书画印为一体的姐妹艺术，印在艺术中也是一个门类，学问深着呢！”在胡沁园的启发下，齐白石才知道了印章也是门艺术，要想成为治印高手，同样也得付出一番苦功。

在韶塘，齐白石发起并组织“龙山诗社”后，社友中有人会写钟鼎篆隶并擅长治印的。其中黎松安和王仲言刻印，取法邓石如而能规行矩步，运用自如，技艺高人一筹。从他们的铁笔生活中，齐白石受到启迪，转而开始向他们学习。后来，他在臬山黎家画像时，又看到了丁敬和黄易的印谱，惊为平生创见，眼界大开，对治印兴趣骤增。

一天，“龙山诗社”的同仁们一起到罗山脚下去玩。黎松安拿出一块名贵的寿山石让大家看。齐白石惊喜地叫出声来，其他人也个个像馋嘴猫似的，都想据为已有。黎松安为难了。一块石料，众人伸手，都是自己的好友，谁也偏向不得。他踌躇了半天，才想出一个一碗水端平的方法。

“这样吧！”他指着山下溪流上架的一根独木桥，笑着说，“谁能平安无事地从上面走过去，再走回来，这块寿山石就归谁。你们看怎么样？”

大家都急着要得到印，异口同声地表示赞成。黎松安信手折了根细竹，做成竹签，以抽签确定先后顺序。

结果，抽签先走的几个人，有的跨上独木桥，没走两步双腿就筛起糠来；有的走到桥中间，头晕目眩，再也不敢迈步了，只得抱住独木爬回到对岸。轮到齐白石，他定了定神，便勇敢地走了上去。他像体操运动员走平衡木似的，倒着从独木桥上走过去不算还退着走回来，而且不摇不晃，如履平地。他出色地完成了规定的动作，赢得了一片叫好，得到了寿山石。

一块寿山石料，看起来似乎是微不足道的。但是对

一贫如洗的齐白石来说，能得到这样一块名贵的石料却是一件了不起的事情。齐白石把它当作一件无价之宝，随身携带，一直珍藏着不舍得用。

几年后，齐白石在一大户人家“描容”，遇上了一位从长沙城里来的刻印人。此人自称是省城首屈一指的篆刻名家，技艺超群。齐白石眼见许多斯文人都拿来贵重石料请他刻，自己也动了心。他也想把珍藏多年的寿山石拿去，请名家刻一方题画用的印章。

一个傍晚，白石带着那方寿山石，跨进了“名家”的门。

“先生，烦你给我刻一方印章，款式由你定。我的名字叫齐璜。”

“名家”连头也不抬，毫不理会他。齐白石觉得这个人脾气有些怪，又说：“我的寿山石、姓名都留在这里，麻烦先生一下。”

“名家”依然没有反应，齐白石弄不清为什么，于是就退了出来。

过了几天，齐白石找“名家”讨印。

“先生，我的印刻好了吗？”他先施一礼，敬重地问道。

“你是谁？”“名家”用余光不经意地打量着他。

齐白石还没开口，旁边一个管家模样的人说：“先生

有所不知，这位是‘描容’匠，从前是木匠，人称‘芒木匠’。嘻嘻……”

“噢！‘芒木匠’？一语双关，有意思。”“名家”不阴不阳地说。“可惜呀，这么好的一块石料，怎么会到了你的手里。”他掂量着寿山石，话中不无惋惜。

齐白石无故受了嘲弄，但他还是忍耐着。因为他对技艺高于己者，向来满怀尊敬。

“先生，我的印到底有没有刻好？”齐白石自尊心受到了极大的伤害。因为有不少人正幸灾乐祸地看着他，尴尬仿佛要一点一点把齐白石挤扁、吃掉。

名家不耐烦了，把石料往桌上猛地一掷，厉色道：“不平，拿回去磨好，再来！”

齐白石连忙心疼地把石料拿起，看没有摔坏就捧着走了出去。他觉得心里很不是滋味，自己的这块寿山石，表面已经光滑如镜了，还要磨什么呢？不过，人家是“名家”，既然这么说，他只好拿回去再磨。

齐白石是一个极具度量和修养的人。寿山石磨好后，齐白石又送上门来。“名家”见又是他，瘦长的脸一沉，拉得更长了。他瞟了齐白石一眼，石料看都没看说道：“还是不平，再磨！”

这时，周围帮腔的人如一群“嘤嘤”乱叫的苍蝇嬉笑着、议论着：

“真是的！连石头都磨不平，也想刻印？”

“4两芝麻开油房——不晓得自己有多大本钱。”

齐白石无端地受到一顿奚落、挖苦，脸涨得像血泼一样。这个血气方刚的人，以极大的忍耐抑制住心头的怒火，冲上去一把抓过石料，像一头愤怒的狮子离去了。

齐白石从未遭遇到这样的白眼与凌辱，他十分愤慨。天下哪有这样的名家！从这“名家”的身上，他看到社会另一个角落里的一些人。他告诫自己，不管今后的艺术成就会怎样改变自己的身份、声誉和地位，但自己首先是个普普通通的人，一个贫苦农家的孩子，一个穷木匠。

那些讥讽的话语、嘲弄的嬉笑，像阵阵冷风在耳边盘旋、鸣叫。他手里托着寿山石，也不知凝视了多久。他不相信世界上有学不会的事。求人既然这么难，何不自己动手、自己发愤呢？再说，也只有自己刻出来的印才能与自己的画形成浑然一体的、协调的艺术风格。

说干就干。齐白石在松火微弱的灯光下，聚精会神，一刀一划地刻了起来。他把愤怒和志气交聚在刀尖，一鼓作气刻了三个字“金石癖”，完成了他平生以来自己刻制的第一方印章。

这是一方白文的印。布局合理，刀法苍劲，隐隐有一股刚毅之气，也许因为是“愤怒之作”，所以盖在纸上很有神韵。齐白石看着自己的处女作，忽然想起了陈少蕃老师的话：“天下无难事，只怕有心人。”

第二天，齐白石起了个大早，连饭也没吃，便拿着自己刻的印去找黎松安。他要听听别人的意见，自己到底是不是学习治印的那块料。

“这真的是你第一次刻印？”黎松安仔细欣赏着，简直不敢相信自己的眼睛。“这刀法、构图都很好，有造就，初次能这样，很不简单了。”他用赞扬的口吻说。

齐白石看自己得到了肯定，心里非常高兴。但他知道自己还仅仅是个“门外汉”，还需要老师的指点。于是就在黎松安家住下，在黎松安的指导下，专攻治印。

黎松安从基本刀法开始，教给他进刀、用刀的方法。齐白石毕竟是雕花木匠出身，练就了一双操刀的灵活的手和巧妙的技艺，腕力也好，所以学起来并不那么费劲。每天清早一起床，就拿出晚上已经准备好了的印石，一刀一刀地削下去。每天同石头打交道，刻了磨，磨了又刻，一晃半个月过去了，刻印有了长足的进步。

治印，除了刀法外，还讲究方寸之内寓变化，这就颇需要有艺术的匠心。不久，黎松安就觉得自己再担任齐白石的老师已力不从心了。于是他就把白石推荐给了另一治印名家黎铁安。

在黎铁安家住下后，白天齐白石作画，晚上铁安就教齐白石刻印。

“我总是刻不好，怎么办?”齐白石诚恳地问。

“我看了你的印谱，还是很有功力的。不过，刻印和画画一样，主要靠练。南泉坤的楚石有的是，挑一担回家去，随刻随磨，你能刻到三四个点心盒都装满了石浆，那就刻好了。”

齐白石细细地玩味他的话语，心里一下子亮堂了许多。此言蕴含着平凡的哲理和他经年累月的经验。

在铁安的具体指导下，齐白石每天潜心于刻印之中。对于印章的尺寸、篆法、布局，笔画的曲折、肥瘦、白文与朱文，都一一进行了认真的体察、构思和比较。

事业的成功，给人带来的是喜悦，而成功之前的失败，给人带来的却是痛苦。有一天，齐白石接连刻了几方印章都失败了。但是齐白石并没有丧失信心。“滴滴之水，志在海洋。”自己哪能因苦废志呢？

以后，无论在星斗塘、韶塘、长塘（黎松安家）刻印，他常常“刊后复磨，磨后又刊。客室成泥，欲就干，移于东复移于西，移于八方，通室必成池底。”很快，齐白石便在朋辈中后来居上，独树一帜。

那时，印材绝大多数都是乡间到处都有的“楚石”，这种石料质地松软，极易迸裂。但是，齐白石以雕花木工的腕力，掌握印材的特性，总是得心应手。

俗话说：响鼓不用重槌敲。齐白石“印见丁、黄始入门”，一入门，细看勤摹，便升堂入室，几可乱真。在师友们的怂恿下，他刊出了自己第一次印稿，共四本，题曰：“寄园印存”。印存第一颗为“金石癖”，白文。其中好印更不少，如“古人伤心人别有怀抱”“真宰上诉天应泣”“吾少也贱”诸印，都达到了很高的艺术水平。至此，刻印像卖画描容一样，成为了他养家糊口的另一条重要财源……

齐白石一生刻印3000多方。这些印章，不论白文还是朱文，都能跨出前人藩篱，以雄伟刚健、苍劲古拙而开宗立派。它们像夜空中的明星，瑰丽夺目，美不胜数。而老人偏爱的那方“金石癖”印章，更像众星中的启明星。它从苍茫的天际捧出一片朝霞，照耀着齐白石卧薪

尝胆，发愤图强，一步步登上了金石艺术的峰巅。

1914年5月22日，被齐白石称为“半为知己半为师”的胡沁园不幸逝世。噩耗传来，齐白石失声恸哭。他参照旧稿，画了20多幅为恩师生前赏识过的画，并亲手裱好，拿到胡沁园灵前焚化，还做了14首七绝、1篇祭文和1副挽联，表达对恩师的深切哀悼。挽联写道：“诱我费尽殷勤，衣钵信真传，三绝不愁知己少；负公尤为期望，功名应无分，一生长笑折腰卑。”这既是对恩师的悼念，也是自我勉励。

而立之年业初成

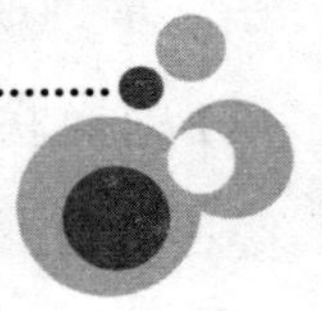

光绪二十年（公元1894年），齐白石32岁，这年妻子又为他生了第二个儿子，取名良黼，号子仁。他自从在胡沁园家读书习画以来，认识的人渐渐多了起来。他和几个志趣相投的朋友组织了一个诗会，随时集合在一起，主要是谈论诗文，兼及字画篆刻，有时也谈音乐歌唱，话题非常广泛，只是没有一定的日期，也没有一定的规程。到了夏天，经过大家的讨论，正式组成了一个诗社。

就在五龙山的大佛寺内借了几间房子，作为诗社的社址。因为寺在五龙山，所以取名叫“龙山诗社”。诗社的主干，共有七人，即齐白石、王仲言、罗真吾、罗醒吾、陈茯根、谭子荃、胡立三等人，人称“龙山七子”。陈茯根名节，板桥人；谭子荃是罗真吾的内兄；胡立三是胡沁园的侄子，都是齐白石常见面的朋友。他在七人中，年龄最长，大家推举他做社长。这几个人都是读书人家的子弟，书都比他读得多，叫他去当头，他坚决不干，连说：“这怎么敢当呢?”王仲言说：“濒生，你太固执了！我们是叙齿，七人中，年纪是你最大，你不当，是谁当了好呢？我们都是熟人，社长不过应个名而已，你还客气什么!”大伙儿你一言，我一语的，附和了王仲言的话，说他无此必要客气。齐白石推辞不得，也就只好答应了。事后他刻过一方“龙山社长”的石章，作为纪念。

公元1899年正月，37岁的齐白石由张仲飏介绍，拿了自己的诗文字画和刻的印章去见王湘绮，请求评阅。王湘绮看了他的诗文，没有什么表示，却对他的画和篆刻赞不绝口，说：“又是一个寄禅黄先生哪!”寄禅是湘潭一个有名的和尚，俗家姓黄，原名读山，是宋朝文学家黄山谷的后裔，出家后法号寄禅。那时王湘绮的名声很大，趋势好名的人都想列入门墙，递上个门生帖子，就算是王门弟子，然后到人前卖弄很有光彩。

张仲飏屡次劝齐白石去拜门，他却迟迟没有答应。王湘绮看他高傲不像高傲，趋附又不像趋附，很是奇怪，曾对旁人说：“名人有名人的脾气，我门下有铜匠衡阳人曾招吉，铁匠同县乌石寨人张仲飏，只有同县一个木匠，也是非常好学，却始终不肯做我的门生。”这话传到张仲

曾经灞桥风雪

患难见交情

鲁班门下

业荒于戏

木人

大匠之门

飏耳中，告诉齐白石说："王老师这样看重你，还不去拜门？人家求都求不到，难道你是招也招不来吗？"他知道王湘绮真的很器重他，便不再固执。于10月18日，由张仲飏陪同，到王湘绮那里正式拜门。

1902年，刚有了第三个儿子的齐白石在朋友夏午诒的邀请下，第一次走出湖南，远游西安，教夏午诒的如夫人姚无双学画，先给他寄来了束修和旅费。同在西安的郭葆生怕他不肯远行，寄了一封长信来，劝他"关中夙号天险，山川雄奇。收之笔底，定多杰作。兄仰事俯蓄，固知惮于旅寄，然为画境进益起见，西安之行，殊不可少"。

在此之前，齐白石未曾出过远门，来来往往都在湘潭附近各地，偶或才到长沙省城。而且每到一地，也不过稍作勾留，少则十天半月，多则三五个月，得到一点润笔的钱，就拿回家去奉养父母，抚育妻儿。这次接到夏午诒、郭葆生两人的先后来信后，不禁怦然心动，便和家人商量好了，于十月上旬动身北上，十二月中到西安。一路上虽然旅途辛苦，却画了不少写生。快到西安时做了《灞桥风雪图》，并题曰："蹇驴背上长安道，雪冷风寒过灞桥。"

夏午诒的如夫人姚无双，跟齐白石学画，进步得很快。他觉得门下有这样一位聪明的女弟子很是高兴，自己刻了一方"无双后游"的石章。他在夏午诒家教画余闲，常同几位老友，游览西安附近名胜，碑林、大雁塔、华清池等古迹都游遍了。夏午诒介绍齐白石认识了当时南北闻名的大诗人樊增祥。樊增祥，字嘉父，名增祥，号云门，又号樊山，湖北恩施人，是当时的名士。樊山很欣赏他的艺术才能，为他订了一张刻印的润例，还说进京时，要推荐他进宫当内廷供奉。

在西安的许多同乡，见到臬台这样抬举齐白石，认为是进身的大好机会，都来向他道喜，他觉得非常可笑。张仲飏对他说："机会不可错过。"劝他直接去走臬台门路，不难弄到一个很好的差事。齐白石说："我没有别的打算，只想卖画刻印……积蓄得三二千银子，带回家去，够我一生吃喝，也就心满意足了。”齐白石在画幅上题了几首诗，表明自己是不肯依附于人的。他题《藤花》云：“柔藤不借撑持力，卧地开花落不惊。”又题《卧地秋花》句云：“花肥茎瘦腰无力，不借撑持卧地开。”又题《钵菊》诗云：“挥毫移向钵中来，料得花魂笑口开。似是却非好颜色，不依篱下即蓬莱。”又刻了一方《独耻事干谒》的石章。他以为一个人要是利欲熏心，见缝就钻，就算钻出了名堂，这个人的品格，也就可想而知了。

1930年3月，齐白石随夏午诒一家赴京，临行前再游大雁塔，并写了一首诗抒怀：长安城外柳丝丝，雁塔曾经春社时。无意姓名题上塔，至今人不识阿芝。

从西安到北京的路上，齐白石画了《华山图》和《嵩山图》。进京后，除了教画、刻印之外，他常去逛琉璃厂，看古玩字画，或到大栅栏一带听戏。在夏午诒等人的介绍下，他认识了湖南同乡曾熙、江西画家李瑞筌，会见了同门杨度等人。5月，齐白石绕道天津、上海、汉口返湘，这是他远游的一出一归。

“王门三匠”在南昌

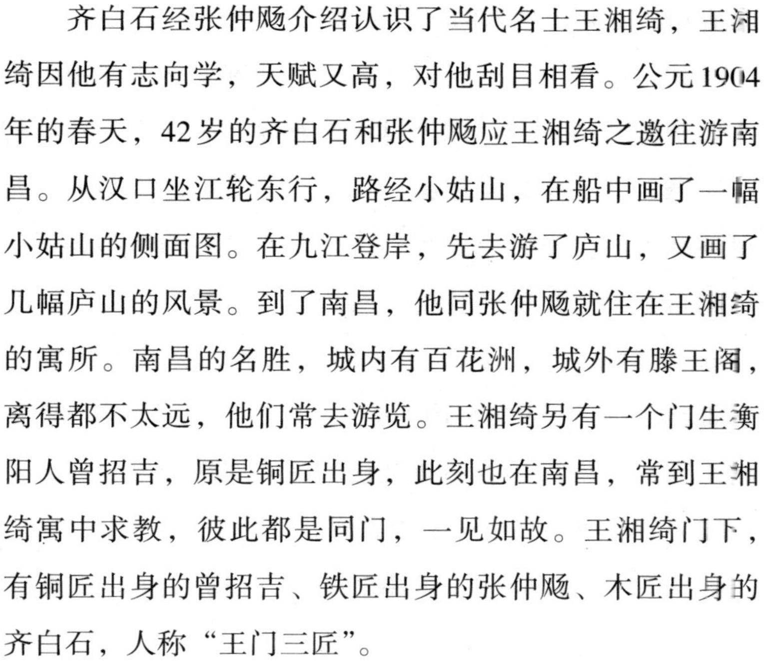

齐白石经张仲飏介绍认识了当代名士王湘绮，王湘绮因他有志向学，天赋又高，对他刮目相看。公元1904年的春天，42岁的齐白石和张仲飏应王湘绮之邀往游南昌。从汉口坐江轮东行，路经小姑山，在船中画了一幅小姑山的侧面图。在九江登岸，先去游了庐山，又画了几幅庐山的风景。到了南昌，他同张仲飏就住在王湘绮的寓所。南昌的名胜，城内有百花洲，城外有滕王阁，离得都不太远，他们常去游览。王湘绮另有一个门生衡阳人曾招吉，原是铜匠出身，此刻也在南昌，常到王湘绮寓中求教，彼此都是同门，一见如故。王湘绮门下，有铜匠出身的曾招吉、铁匠出身的张仲飏、木匠出身的齐白石，人称“王门三匠”。

王湘绮名声大，慕名拜访的社会名流和达官贵人很多，张、曾喜与周旋，齐白石则避在一边。对此，王湘绮颇能理解，他这年写的“白石草衣金石刻书序”就描述道：白石草衣，起于造士，画品名德，俱入名域，尤精刀笔，非知交不妄应。朋座密谈时，生客至，辄逡巡避去，有高世之志，而恂恂如不能言。

齐白石认为老师这段话写得很真实，他原是不多说话的，尝有句道：“客至终朝缄口坐，不关吾好总休论。”又有《题古树归鸦图》云：八哥解语偏饶舌，鹦鹉能言有是非。省却人间烦恼事，斜阳古树看鸦归。这首诗也是齐白石对自己性格的一种注解吧。

到了中秋节，齐白石从南昌回到家乡，这是他五出五归中的二出二归。回家以后，想起七夕在南昌，联句没有联上，心里总觉惭愧。他是一个有志进取的人，凡事落在人后总不甘心。想到作诗既不是容易的事，就应该勤奋读书，把根基扎得实实的，才有做好的希望，光凭一知半解，永远都难成大器。因此，齐白石把书室“借山吟馆”中间的吟字删去了，只名为“借山馆”表示他不敢称作诗人。齐白石这样脚踏实地地勉励自己，一生的学问事业，终于有了很大成就。

1902年到1909年，8年之间，齐白石走遍了大半个中国，游览了陕西、北京、江西、广西、广东、江苏六处的著名山水，沿路经过的省份，还不算在内。他到晚年，仍是时常对人说起，这五出五归，对于他作画刻印章风格的改进，大有助益。

胡沁园先生曾对齐白石说过："行万里路，读万卷书。"他这几年，路虽走了不少，书却读得不多。五出五归之后，回到家来，自觉书底子还差得很，知道作诗作文的难处，就下苦功读古文诗词，努力提高自己的文学修养。

避战乱定居北京

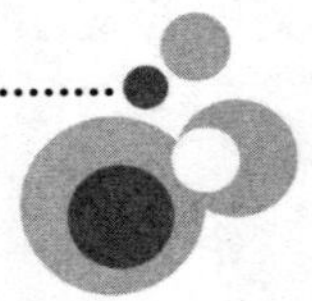

齐白石在辛亥革命前后的七八年间，生活在家乡，过着半农民半文人的生活，原有终老之意。不料革命并没彻底成功，政治仍是一片污浊，军阀连年混乱。大约在1916年，他在乡间安居的平静生活并打破了，“官逼税捐，匪带钱谷，稍有违拒，巨祸立至”。1917年春夏之交，又发生了兵乱，城乡有钱人纷纷外逃。

在进退两难之际，樊樊山来信劝齐白石避居北京，卖画自给，他携着简单行李，抱着一试的心情，于5月中旬第二次来到北京。不料进京不到10天，便遇上张勋辫子军复辟之变，他随郭葆生一家躲到天津租界避难。6月返北京，先住郭葆生家，后移居宣武门外法源寺，与同乡杨潜庵同住。

齐白石在琉璃厂南纸店，挂起了卖画刻印润格，但无人知道他的名声，他模仿八大山人简笔画法的作品也

与流行的风格相左，生意很是清淡，终日在法源寺里闲着无聊，他写了三首《杂感》诗：

大叶粗枝亦写生，老年一笔费经营。
人谁替我担竿卖，高卧京师听雨声。

禅榻谈经佛火昏，客中无物不消魂。
法源寺里钟声断，落叶如山画掩门。

八月京华霜雪天，稻禾千顷不归田。
人言中将人中鹤，苦立鸡群我欲怜。

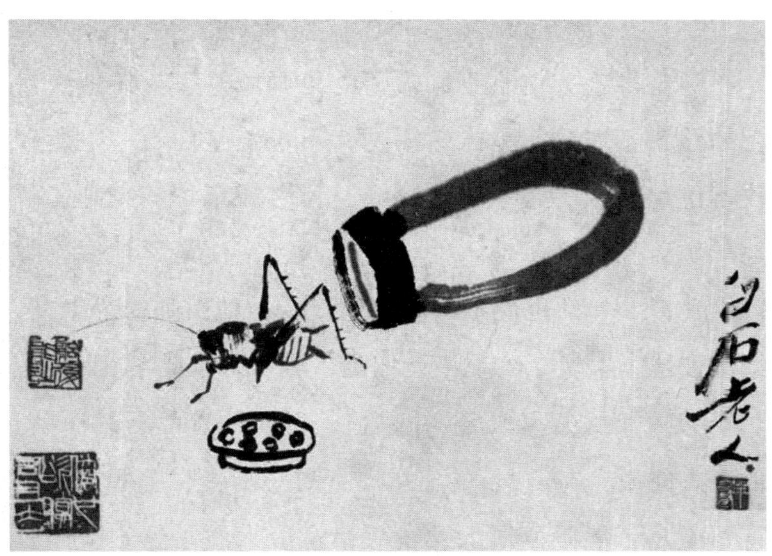

当时享誉京师的著名画家陈师曾（名衡恪，江西义宁人），能画大写意花卉，笔致矫健，气魄雄伟，他在南纸店看到齐白石的刻印，十分赞赏，便到法源寺访他。齐白石拿出自己的《借山图卷》请师曾鉴评，师曾即写了一首诗相赠：

昔于刻印知齐君，今复见画如篆文。
束纸丛蚕写行脚，脚底山川生乱云。
齐君印工而画拙，皆有妙处难区分。
但恐世人不识画，能所不能非所闻。
正如论书喜姿媚，无怪退之讥右军。
画吾自画自合古，何必低首求同群。

师曾肯定齐白石不同流俗的绘画风格，支持他走自己的路，不取媚于世人。而这，不也正是白石一生所孜孜不倦地追求的画风吗！这样一位名震京华的画师了解他、敬重他、鼓励他，使他十分激动。他紧紧地握着师曾的手，一句话也说不出来。这以后，他引师曾为挚友，经常去他家里玩，一起谈诗论画，成了陈家的常客。

陈师曾的书室取名“槐堂”，里面挂着白石的作品。他逢人便说：“齐白石的借山图，思想新奇，笔墨志趣高雅，不是一般画家所能比。可惜一般人不了解，我们应

壽高千歲

庚寅九十歲白石

该特别帮助这位乡下老乡，为他的绘画宣传宣传。”这些都让齐白石深受感动，他离开北京时有诗云：槐堂六月爽如秋，四壁嘉陵可卧游。尘世几能逢此地，出京焉得不回头。

八月中旬的一天下午，齐白石信步沿着弯曲的长街，独自走到城南的游艺园，远观黄昏景色。只见霞光满天，千家万户，炊烟袅袅，别有一番情趣。回到住室后，顾不上吃饭，他信笔画了几幅纪实。其中一幅《北京城南远望写生小稿》上，画了一个门楼，两道浓烟。寥寥几笔，以极概括的笔法，把所见的景物概括地表现出来。然后题记说：“远观晚景，门楼黄瓦红墙乃前清故物也。二浓墨画之烟乃电灯厂炭烟，如浓云斜腾而出，烟外横染乃晚霞也。”注记画意，是他长期养成的习惯，是他观察生活的忠实记录，积累素材的一个办法。从这里，也可以看出白石对于绘画艺术倾注了何等的心血！

时间过得真快，转眼来京两个月了。听说北海的荷塘，莲花怒放，千姿百态，游人如梭。齐白石一大早就乘了车，赶到了那里，放下画具，观赏了半天，选择一处好的角度，精心地画了起来。齐白石画荷花，50岁才起步。试笔的第一幅作品是《荷花翠鸟》。他不满意，嫌花、叶拘滞，梗茎呆板，没有多少的情趣。但毕竟是起步，他也高兴地题了跋：“懊道人画荷过于草率，八大山人亦画此过于太真。余能得其中否？尚未自信……”5年后，面对荷塘，齐白石已能挥洒自如地写生了。

樊樊山对于齐白石的诗评价很高。他知道白石学诗同学画一样，走过了一段艰辛的道路。他最喜欢唐宋诗词名家的作品，尤其是杜甫、苏轼、陆游和辛弃疾的作品读得最多。五出五归后，他无限感慨地说：“身行半天下，虽诗境扩，益知作诗之难。多行路，还须多读书。故造借山吟馆于南狱山下，熟读唐宋诗，不能一刻去手，如渴不能离饮，饥不能离食。然心虽有得，胸横古人，得诗尤难。”齐白石把自己写的诗拿给樊樊山评阅，樊山劝他出集，并写了一篇序文。序中说：“濒生书画，皆力追冬心。今读其诗，远在花之寺僧之上，真寺门嫡派也。”10年后，《借山吟馆诗草》印行时，便以樊山序文为序。

这一年的10月，齐白石回到家，茹家冲寄萍堂已被抢劫一空。他刻了一方印“丁巳劫灰之余”，盖在劫余的书画上。他写诗说：“衰老始知多事苦，乱离翻抱有家忧。相怜只有芙蓉在，冷雨残花照小楼。”自经此次兵灾，百业萧条，他的卖画生涯大受影响，他《题画藤》的诗说：“湘上滔滔好水田，劫余不值一文钱。更谁来买山翁画，百尺藤花锁午烟。”那年他的家乡，遭受兵灾是很惨的。

北京回来后，他原打算筑室山林，潜心作画，平静地度过晚年，不与尘世来往。谁知道这里没有他容身之地。他后悔自己不该回来。但是，这里毕竟是生他养他的故土。父亲已经81岁高龄了，母亲也已75岁，还有妻儿家小。这许许多多骨肉至亲，怎不使他踌躇再三？父亲、母亲看到这里的情况，同他商量了好几次，希望他到北京去。春君也一再催促他速下决心。经过数次反复的商量，他决意离开他无限眷恋的家乡，离开他多年苦心经营的寄萍堂。他在给朋友的诗中有这样两句“借山亦好时多难，欲乞燕台葬画师”，表示了他打算定居北京的想法。

1919年3月初，齐白石乘乱事稍定的机会，悄悄地离开家乡。他曾经多次劝妻子春君携着儿女同他一道到北京。但是，春君舍不得撇下家乡的父老与部分产业，情愿养育儿女，留在家里。

到北京后，齐白石仍然住在法源寺。安顿好了的第三天，他依然在南纸店挂起了润格，卖画刻印。日间朋友们来探望他，或是打听湘中战事，或是谈诗论画。到了夜晚，更深人静，他常常通宵达旦，难以入眠。只要一闭上眼，父母、妻儿的音容笑貌，就会浮现在眼前。幕幕情景，交织在眼前，齐白石披衣挑灯，宁思了片刻，取出诗笺，写下：春园初暖问蜂衙，天半垂藤散紫霞。

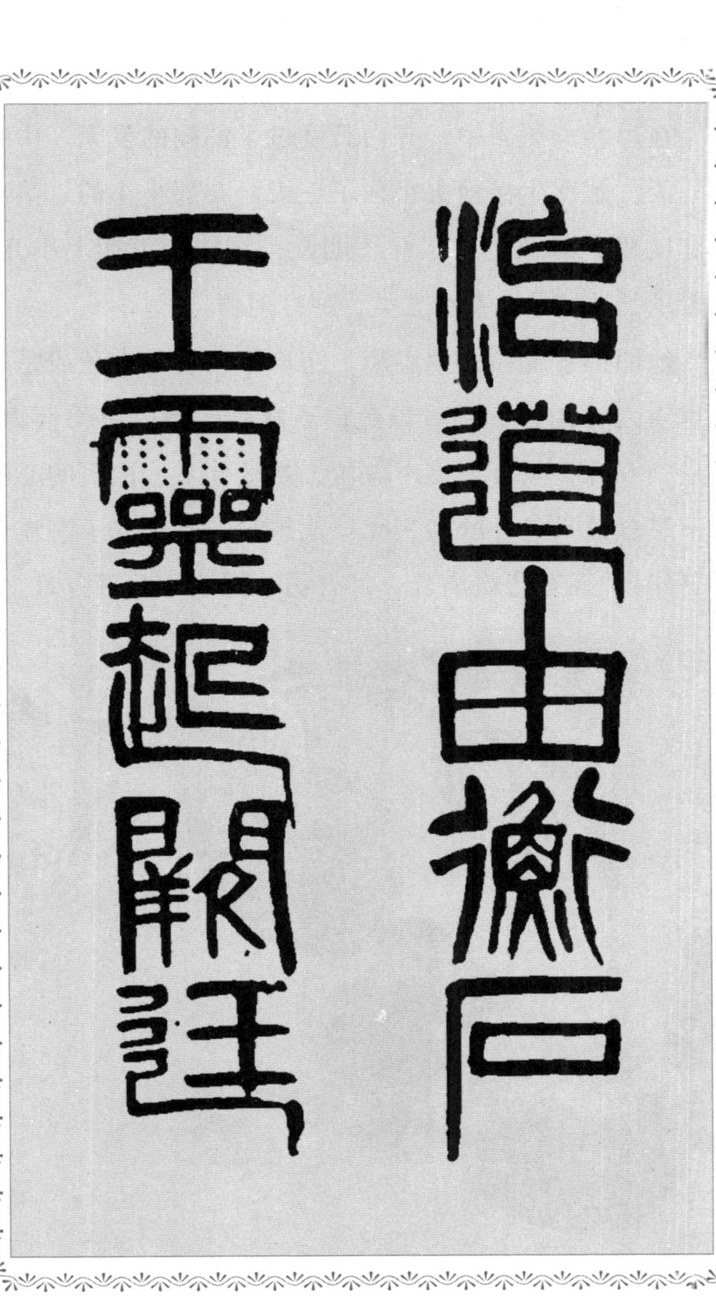

雷电不行笳鼓震，好花时节上京华。

在思亲、想家中，齐白石度过了郁闷的夏天。中秋那一天，郭葆生接他去小住了三天。在那小小的、洁净的庭院里，郭葆生约了几个朋友，在树荫下摆上小几，放着瓜子、糖果、茶水之类，赏月闲聊。

他们都了解白石的心境。闭口不谈有关中秋或是望月思乡之类的诗、词，以免白石触景生情，感伤怀念。但是，今晚千家万户笑声盈盈，欢度佳节，白石的心哪能不思念数千里外的亲人呢！他想起了苏轼那千古流传的名句："人有悲欢离合，月有阴晴圆缺，此事古难全。

但愿人长久，千里共婵娟。”他的思绪伴随着飘动的、轻纱般的浮云，飞到了湘江，飞到了那充满奇异色彩的寄萍堂。春君和孩子们也在赏月吗？父亲、母亲他们呢？他不知在座的朋友谈论了什么。他只静静仰首，凝视着明月、白云，什么也不说。那晚，他喝的酒特别多。要不是几位朋友夺了他的杯子，他还要喝。

齐白石不知道自己怎样回到了寺中。反正他执意要回来，谁也留不住。朦胧中好像被几个朋友送了回来。可能是酒精的麻醉作用，这一夜是他近半年来睡得最好的一夜。要不是和尚送信来，他可能要睡到中午。

信是春君来的。他一听说，一跃而起。那工整的笔画，实在太熟悉了。在过去的三十多年岁月里，他闲时教春君识几个字。春君聪颖，好学，几年下来，竟然能写信了。字写得虽不太好，但秀丽、工整，一丝不苟。她告诉白石，给他聘定了一位配室，几天之内，她将携她一同来京，要白石预备下住处，准备成亲。

春君一片诚意，白石非常感动，忙着托人找房子，后来就在陶然亭附近的龙泉寺隔壁，租下了几间房子。朋友们知道白石要办喜事，帮助筹划，不多时间，桌椅板凳，锅盆碗筷，一一准备停当。一天下午，陈春君带着一位年轻女子赶到北京了。

女子叫胡宝珠，原籍四川丰都人，生于清光绪二十八年壬寅八月十五中秋节。当时才18岁。她父亲名以茂，是篾匠。胡宝珠在湘潭一亲属家当婢女，出落得十分标致。白石一见，满心喜欢。当天傍晚时分，三人一同到了龙泉寺新居，在陈春君的操持下，简单地举行了成亲之事。

春君遂了自己的心愿，总算为自己找到一个代替照料白石的人，心里十分高兴。她待胡宝珠亲如同胞姐妹，精心地照料她、教导她。把齐白石的起居、饮食、生活、作画、刻印等习惯，详细告诉了她，胡宝珠默默领会，一一照春君教她的去做。

过了立冬，报纸上连篇登载湖南战事再起的消息，春君一听，心急如焚："这里的事安排停当了，我得早点回去。"

"也好。我同你一道回去，看看家里情况。"齐白石答应着，"这里的事就托付宝珠了，有什么急事，找一下郭葆生他们，我同他们谈一下。"

三四天后，齐白石伴着春君，南下回到湘潭。1920年元旦，白石在自己的故土上，度过了58岁的生日。2月，带着三儿良琨、长孙秉灵到北京上学。当时，良琨和胡宝珠都是19岁。他们同庚，但辈分不同，比起个头来，良琨比宝珠更高一些。临行前，春君特意嘱咐良琨，到了北京之后，一定要尊重婶妈，并且讲了许多有关宝珠为人的事。宝珠也十分尊重、关怀他们。处处以长者的身份，无微不至地照料他们。在这个偏僻的城南小平房里，他们度过了一段难忘的欢悦的生活。

由于童年苦难生活的煎熬，所以宝珠很成熟、懂事，勤俭地操持着这个家。在齐白石南下的二三月间，她一人住在北京，一步也没有随便离开过家门，整天关在家里做针线活儿，把白石的衣、裤、被、褥拆洗、补裰得整整齐齐。

齐白石同春君临行前，一再嘱咐她安排好生活，不要太苦了自己，但是，她有她的主意。她知道生活的不易，总把细粮留起来，尤其是大米，北京这地方不多，白石又爱吃，她就省下来。自己跟着邻居，学会了蒸窝头，每天就着青菜、咸菜吃窝头。

生活虽然是清苦的，但她的心充满了欢乐。她到底有了一个家，这颗曾经悬着的心，总算落到了实处。丈夫是个著名的画家，也是穷苦人家出身，为人正直、善良。大妈妈（她对原配陈春君的称呼）深明大义，待她如同姐妹，这些都给她以极大的慰藉。她对现在的一切都感到十分的满意。她唯一的愿望就是通过自己的双手，为白石创造一个尽可能温暖、舒适的家，让他有更多的时间与精力，画他的画，刻他的印。齐白石几次搬家都是在寺庙内，最后一次在朋友的帮助下，他们全家又搬到西四牌楼迤南三道栅栏六号。这里是居民区，环境比较幽静，白石比较满意，总算把家安顿了下来。

居北京期间，齐白石每年都回湘看望父母妻儿，如他在诗中描述的“燕树冲云都识我，年年黄叶此翁归”。他心悬两地，时时惦念着家乡的一切，怀念曾经拥有的宁静乡居生活。直到1926年，他的父母病逝，又卖了跨车胡同的房子以后，他才在北京稳定下来。当时，宝珠已生四子良迟、五子良已，三子良琨夫妇已在北京定居。他思前想后，刻了一方印：“故乡无此好天恩。”他知道，自己是不可能再回湘潭老家了。

何处清平着老夫

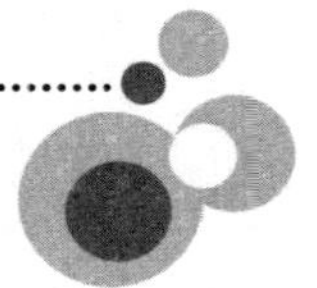

齐白石把定居北京后十余年的艺术探索称之为“衰年变法”。当时已是五十多岁的他，变法取得的成就不说，这份勇气足以让人佩服，换作别人也许早就急于守成了，甚至会把门户守得紧紧的，齐白石却背道而驰，一改娴熟的画风，去追求陌生的意境。

白石老人“衰年变法”的起因是他对自己的工笔画越来越不满意，用他自己的话说是：“余作画数十年，未称己意，从此决定大变，不欲人知，即饿死京华，公等勿怜……”对齐白石的这一举动，同时代的大画家陈师曾（即陈衡恪，国学家陈寅恪的哥哥）赞誉有之。陈师曾曾经在欧洲学习西洋油画，但是他对中国画的造诣也十分了得。他慧眼看出，齐白石有天纵之才，若打破定式，往大写意方向发展，成就终将不可限量。

几经探索，几经雕琢，齐白石豁然悟出“大笔墨之

画难得形似，纤细笔墨之画难得传神”，“作画妙在似与不似之间，太似为媚俗，不似为欺世”。他曾告诉弟子说：“书画之事不要满足一时成就，要变百变，才能独具一格。”

大画家徐悲鸿也非常赞成齐白石“衰年变法”。白石老人在《答徐悲鸿并题画江南》一诗中写道：“我法何辞万口骂，江南倾胆独徐君。谓我心手出怪异，鬼神使之非人能。”由此可见，徐悲鸿对他的评价非常之高。在京城，他们曾多次合作，而且是大幅大幅地泼墨渲染，画完了，相对莞尔一笑，仿佛宇宙之大，唯使君与我耳。

有陈师曾和徐悲鸿这样当世无几的国手在一旁大力

鼓励，齐白石不由得底气十足，信心十足。半百之年的白石老人终于大功告成，真正达到了“外师造化，中得心源”的自由之境。这种化茧为蝶的甘苦也只有他自己最清楚：扫除凡格总难能，十载关门始变更。老把精神苦抛掷，功夫深浅自心明。

齐白石在艺术上精益求精，老当益壮而不坠青云之志，在生活中却不慕富贵，固守着自己的精神家园。1903年，他的好友夏寿田曾劝他去京城发展，诗人樊山也答应荐他去做宫廷画师，给慈禧太后画像，这无疑是平步青云的好机会，想都不必想，伸手抓住就行。然而，对他们的好意，齐白石深表感谢却不接受。在齐白石的心目中，绘画更需要一份清逸的心境，为了这份心境，为了艺术上的追求，他宁愿固守清贫。他虽然出身卑微，却从未因此而自惭形秽，我们从其刻章上便可看出：“木人”“木居士”“木匠之门”“芝木匠”“白石山人”“湘上老农”“有衣饭之苦人”“立脚不随流俗转”“我行我道”“自成家法”“三百石印富翁”，诸如此类闲章，透露了老人闲云野鹤、君子固穷的心态。这位出身平民的艺术家心系百姓，同情弱者，将悲悯的心态诉诸于笔端，同时也对那些官场中浑浑噩噩的封建奴才进行了无情的揭露和嘲讽。

他多次用画、用诗揶揄嘲讽那些肥头大耳、鱼肉百姓的官老爷们，其代表作《不倒翁》可以说是把官老爷们那副志得意满的草包样子，刻画得栩栩如生：乌纱白帽俨然官，不倒原来泥半团。将汝忽然来打破，通身何处有心肝？

从平民阶层一路起来的齐白石，深谙民生疾苦，看透世态炎凉，艺术家保持了一身傲骨，无丝毫巴结谄媚之态，将清高的气节留给了世人，在深深敬佩自食其人之力的同时，以笔对那些搜刮民脂民膏的寄生虫进行了无情嘲讽：

何用高官为世豪，雕虫垂老不辞劳。
夜长镌印忘迟睡，晨起临池当早朝。
啮到齿摇非禄俸，力能自食非民膏。
眼昏未瞎手犹在，自笑长安未作老。

齐白石“衰年变法”，从自发而迄于自觉地追求“自然的精神”，他追求到了，而且是脱却了一身匠气，真正地登了大雅之堂。他的伟大之处而愈加突显出来，以自己的天才之笔再次向世人证明，天才的创造力是不受年龄限制的，大器虽晚成，成就的却是可雕琢的玉器。

齐白石特别讲求继承传统，转学多师，他最欣赏最佩服的徐渭、石涛、八大山人、黄慎、吴昌硕等宗师巨匠，都属于艺术个性鲜明，反对墨守成规，能别开生面的丹青巨擘。经过变法，他创造了以红花墨叶为主要特色的花鸟画新风格，林纾把他与民国以来画坛泰斗吴昌硕相比，称“南吴北齐”，逐渐得到人们的认可。1927年春夏之间，国立北京艺术专门学校校长林风眠聘他担任中国画教席；第二年，北京艺专改为北平大学艺术学院，白石被继续聘任并改称教授；同年，胡佩衡编《齐白石画册初集》出版。10月，徐悲鸿任北平大学艺术学院院长，继续聘他为教授。

1931年，“九一八”事变发生了，国民政府采取不抵抗政策，眼看平津将成前线，齐白石忧心忡忡。有人劝他避地杭州任教，他说：“大好河山，万方一概，究竟哪里是乐土呢?”决心留居北京。但骚扰也随之而至。北京沦陷之后，他闭门不出，也很少见客。当时，齐白石在日本的名声很大，很多日伪高官都想得到他的画作和印章。于是，想方设法接近齐白石，请他赴宴，送他礼物，还要跟他合影，邀他去参加各种“盛典”……对此，齐白石一概回绝，他们设的任何圈套都是枉费心机。

齐白石老人天天提心吊胆，在忧闷中过着苦难的日子。他已经八十多岁了，感到没有精力和心思跟那些小人周旋了。于是，他先是在自家大门上贴出一张告白：“画不卖与官家，窃恐不祥”；随后又贴出专门针对那些日本翻译官的告示："与外人翻译者，恕不酬谢，求诸君莫介绍，吾亦难报答也"；当他发现这些告白依然无法阻止这些滋扰时，断然贴出最后的告示："停止卖画！"从此以后，无论南纸店经手的还是朋友介绍的，一概谢绝不画。对于一位终生以卖画度日的老画家来说，作出这样的决定要付出多么巨大的勇气和代价啊！家乡亲人知道老人不再卖画，非常担心他的生计，来信问候，他以诗言志："寿高不死羞为贼，不丑长安作饿饕。"表示宁可饿死，也决不去当"国贼"！

在停止卖画的年月里，白石老人写下了几首著名的题画诗——在友人画的山水卷上，他写道："对君斯册感当年，撞破金瓯国可怜。灯下再三挥泪看，中华无此整山川。"在画给家人的一幅《鸬鹚舟》上，老人写道："大好河山破碎时，鸬鹚一饱别无知。渔人不识兴亡事，醉把扁舟系柳枝。"白石老人在晚年曾对自己的一生艺事做出排序，自认为："我的诗第一，印第二，字第三，画第四。"很多人不以为然，讥笑老人家是故意作秀，是矫情。但是，当你读过白石老人在人生困厄中所吟出的这些悲愤交集的诗句时，你就自然会理解为什么他对自己的诗歌如此看重了——那是他的血泪心声啊！

齐白石老人劳累了一生，直到望九之年还在为稻粱发愁，他内心的悲苦可想而知。而更令他伤心的是，家门连遭丧亲之痛。两任妻子先他而逝，更有两位钟爱的儿女因病夭亡。风烛残年的齐白石，陷入了孤苦伶仃的境地。“南房北屋少安居，何处清平著老夫?”他的诗句，透露出他内心的凄凉和酸楚。

篆刻成就也辉煌

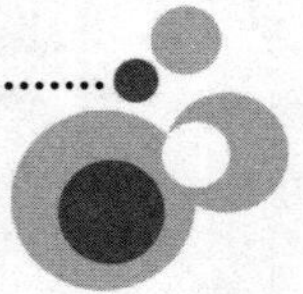

齐白石是中国近代在书画、诗文和篆刻方面都享有盛誉的一位艺术家，也是一位勤奋刻苦、植根于民间沃土、自学成才的艺术家。齐白石的篆刻是以其自身独特的篆书风貌结合长期的艺术实践，将多种刀法冶为一炉的单刀系统，再加上大开大合具有强烈视觉冲击效果的章法，营造出具有极端自我意识的印风。

齐白石对于自己的成就，曾有过“诗第一，印第二，字第三，画第四”的评价，而很多人则持相反的见解，如著名画家黄宾虹就认为：“齐白石画艺胜于书法，书法胜于篆刻，篆刻又胜于诗文。”

和所有杰出的篆刻家一样，齐白石的篆刻也有一个不断吸纳传统、融会贯通的过程。黎松庵是齐白石的诗友，是齐氏刻印真正的启蒙者。回顾白石老人的一生，赵之谦对他影响很大。1938年，他在周铁衡《〈半聋楼

印草〉序》中题写：“刻印者能变化而成大家，得天趣之浑成，别开蹊径而不失古碑之刻法，从来唯有赵之谦一人。”齐白石模仿赵之谦，时间跨度将近二十年。

齐白石的篆刻如果从其32岁开始计算（见《白石老人自述》），至94岁去世止，约有60余年的时间，在这

60年中，大致可以分为4个阶段：

一、32岁至41岁，刻印启蒙于黎松庵，仿摹丁黄的浙派，由此进入篆刻艺术的世界。二、41岁至60之前，弃丁黄而摹赵之谦，见《二金蝶堂印谱》，心驰神往，亦步亦趋。三、60岁至70岁之间，取汉隶碑的篆法，借赵的章法，努力摆脱摹仿，随着“衰年变法”开创自己篆刻的面貌。四、70岁以后，又参以秦权量铭文的意趣，不断锤炼，至80岁达到自己艺术成就的高峰，最终完善了自己大刀阔斧，直率雄健的篆刻风格。

齐白石努力摆脱模仿，自行创造，是年近六十才开始的。1921年齐白石在题陈曼生印拓时写道：“刻印，其篆法别有天趣胜人者，唯秦汉人，秦汉人有过人处，全在不蠢，胆敢独造，故能超出千古，余刻印不拘前人绳墨，而人以为无所本，余常哀时人之蠢，不如秦汉人，人子也，吾侪，亦人子也。不思吾侪有独到处，如令昔人见人，亦必钦佩。”

齐白石印章篆法源于他的篆书创作，在取法上以《天发神谶碑》和《祀三山公碑》等碑体形态为主，所实践的仍然是“以书入印”的理念。前人刻印，都是先打印稿，精心安排，在古典遗范的圈子里将印文形象料理得更美，然后一刀一刀刻成，这是“字主宰人”。齐白石刻印，往往不打印稿：“一手执刀，一手握石，先痛快利落地将印面所有横划刻完，再侧转印石，用刀方向不变，将所有竖划刻完，然后在笔划转折处略加修整，只闻耳畔刀声咔咔，顷刻之间印已刻成。”

齐白石惯用单刀侧锋向前冲。用指运力，用臂力向前直推，每根线略带弧形便是运臂所致，这样的刀法几乎无人企及，而这与他自幼打下的木雕运刀功夫基础是分不开的。齐白石篆刻变法不仅是刀法大变，篆法、章法全都大变。其篆法、章法变转为折，变曲为直，变笔画均匀为大疏大密，亦横平竖直为适当倾斜，亦双刀、切刀为前冲刀，变工整守法为自由奔放，而且简化字形，易读易认。

与许多篆刻名家相比，齐白石的篆刻起步较晚，作品前后变化较大，他在继承文化传统和独立创造方面，经过师法众家，临摹仿效，辛勤探索，形成了以下4个突出的特点：1.齐白石艺术的积淀与成熟过程，是由民间艺人向文人画家演变的过程，由此而决定了他在篆刻方面不断学习、临仿、变化以至完善，直至晚年才形成自己的艺术风貌。2.齐白石从未接受过正规的科班教育，故而较少地受“成法”的限制，在汲取传统文化营养方面，能取前人之长，补己之短，而又不落他人窠臼。因无“师承”的羁绊，有利于形成自己个性鲜明的艺术。3.齐白石早年做雕花木工，虽然篆刻起步较晚，但由于

有手工艺基础，腕力足，摹仿力强，加之勤奋，因此形成了其成熟期的篆刻雄悍直率，不事雕琢，具有阳刚之美。4.齐白石绘画风格的变化与成熟，直接影响着他篆刻的审美取向，其篆刻不但与书画基本上是同步发展的，而且在风格上也有高度的和谐性，这是其艺术的一个显著特点。

齐白石的篆刻还有重要的一点是，他从治印入手，未曾于《说文解字》和小学等方面下过功夫，更未上溯到商周的金文，在这一点上，与其诗文有某种“相通”点。他仅将篆书当作一种艺术化的字体，故而印文常不合于“六书”的篆体，甚至以僻字、俗字入印，这在当时一方面是受《康熙字典》之影响，而另一方面正是齐白石张扬个性，将自然、天真的民间文化气息带入其篆刻创作的一个重要体现。齐白石的篆刻艺术，对现代的中国篆刻产生了重要的影响，随着时间的流逝，他在篆刻方面的贡献也必将由历史作出客观的评价。

岁月馨香老画家

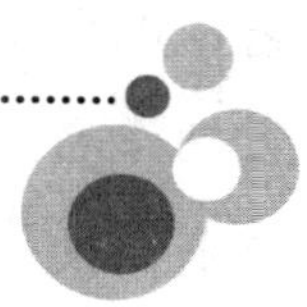

“衰年变法”之后，齐白石的艺术境界达到了他一生中的最高巅峰。这位一生孜孜追求艺术的老人，在皓首白发之年，终于声名高著、誉满中外。

在20世纪的20年代到40年代，人们谈到中国艺术的代表人物，总爱说“南吴北齐”这几个字，它极其精练而又准确地概括了中国艺术史上的一个时代。

“南吴”指的是吴昌硕，“北齐”就是说齐白石。作为画坛的领袖人物，二者是当之无愧的。

吴昌硕是一个多才的艺术家，写字、刻印、绘画都自成一家，独具神韵。他从事绘画较晚，是走“文人画”的路子而加以创造的，所作花卉，最得“六法”中“经营位置”和“骨法用法”之妙，形成一种雄健沉酣的风格，其艺术水平达到了继赵撝叔、吴让之后的又一高峰。齐白石从吴昌硕那里受益很大，在“衰年变法”中有许多地方都苦苦向他学习。但是，齐白石一旦独创门户之后，所取得的艺术成就便大大超过了吴昌硕。

齐白石自幼出身贫寒，由木工成为画匠，又由画匠成为画家，比起吴昌硕来，他生活的路要曲折得多，而艺术的路却宽广得多。他画过花样，画过像，临摹过古人的作品，也画过“文人画”，写过生。在民族的艺术传统上，他接受了可以上溯到宋、元一直到清末民初很多画家的影响。在民间艺术传统上，他也不辞卑微地学习了很多人的哪怕是一点一滴的成就，用来充实自己，提高自己。他在很大程度上总结并继承了民族、民间艺术的表现手法，而又大胆打破了古人的和自己的陈规陋习，进一步植根于生活，通过对客观物象的仔细观察，画到

老、学到老、创新到老。正因为他淡泊、虚心、谦逊，才一步步提高了自己，才不致落入一味仿古的窘境。

齐白石是全能画家，人物、山水、花鸟都有所擅长。其中，最成功最生动也最博得人们喜爱的是他的花鸟草虫和水族4种。齐白石大大拓宽了花鸟画的取材范围，不论是名花珍草，还是山花野草，他都收罗于笔底。就连别人从来不画或很少画的乌薄子、剪刀草等他也赋以极美的生动的艺术形象，而且以神奇莫测的构思，运用各种各样的表现形式，使同一题材具有多种变化。水族4种，他不但画什么像什么，而且把它们的精神和神韵恰到好处地画出来。其中最有代表性的是齐白石画的虾。他对虾的描绘，不论是工笔或写意，都具有高度的真实感，栩栩如生，仿佛一触即动。对此，著名画家叶浅予曾有过十分精到的论述。“成如容易却艰辛”，齐白石能把虾画活，是下了数十年死工夫的。他从小就特别喜爱这些小生物，不知在池塘、水田里观察过多少次。40岁后，齐白石又见到了明清画家徐清藤、李复堂、郑板桥等画虾高手的作品，不知临摹了多少遍。60岁前后，他画虾的技艺已经达到了很高的水平，但他还嫌不够，特意让家人买来些真虾，放在画桌上的水碗里蓄养。一有时间，就用笔杆触动它们，使虾做出腾跳、进退、沉浮、搏斗等各种动作，加以反复观察，对照写生。这样，对虾的习性、特点、动态等有了更深刻的理解，就使他笔下的虾一变再变，不断升华。他在一幅画虾的作品上题道："余之画虾已经数变，初只略似，一变毕真，再变色分浅色，此之三变也。"总之，不管画什么，齐白石都成功地画出了物象的生命，把艺术造型的"形""质""动"三个要素充分地表现出来，并且这样丰富的内容，所用笔墨却极其简练。

齐白石曾说过这样一句话：胸中山水奇天下，删去临摹手一双。的确，他的山水画也取得了前无古人的巨大成就。早年画山水，皴、染、勾、勒，都是从临摹中下功夫的。后来五次远游，他又具体实践了石涛"搜尽奇峰打草稿"的主张。本来40岁以前，他就接受了规矩"四王"的训练，娴熟了山水画的基本技法。40岁以后，从石涛、罗两峰、金冬心的真迹学到了新的东西，又得到了亲身经历的名山大川的启示，壮阔了胸襟，提高了艺术境界。齐白石灵活地运用或突破传统技法，他的山水画在边实践边创造中形成了自己的风格，那就是严整的规律中极富独创性。1951年，他为老舍画了一幅题为"蛙声十里出山泉"的山水，以成群的蝌蚪顺着汨汨下泻的山泉游出，让欣赏者从想象来领悟蛙声。画时虽只两峰夹一水，却费了好长时间的思索。

由于经历着长期的创作生活，齐白石积累了丰富的

创造经验。关于创作的态度和主张，也提出了不少精辟的见解。他反对陈陈相因，反对生吞活剥的抄袭，反对不从具体对象的真实和生动出发的公式化作品。

正如作画一样，他的刻印也经历了长期的学习、摸索与创造，最后才自成一家，形成了自己的以雄伟刚健为特征的开宗立派。

齐白石不仅仅是绘画和治印卓然，他还是书法家和诗人。他的书法和绘画都相得益彰。王朝闻说得很有见地："他的枯荷的长柄、虾的须，其用笔确实可以当成有力的活泼的写字的用笔来欣赏，没有软弱、板滞、浮滑等等缺点。它们的起伏顿挫，完全符合书法要求。"

事实上，齐白石不仅善于以书入画，还善于以画入书。在画中，可以看出他运用书法艺术笔法和笔势的特长，安详而恰如其分；在书法中，也可以看出他在结体和分行布白上，把绘画艺术对照的规律成功地用进去。这固然是由于中国书画的工具相同，由于中国文字的特殊结构和绘画有同宗共祖的关系，主要的还在于他下过苦功，掌握了书画的共同规律，但又不把书画混为一谈，能用就用，不能用则决不牵强。用，就在于加强表现力，加强艺术效果，是不能当作笔墨游戏来看待的。

另外，齐白石的诗歌也是极具独创性的。他的诗，没有无聊的吟风弄月，没有强作风雅的无病呻吟。他的思想感情融会着人民群众的思想感情。在形式上，他的诗不拘格律，不泥古法，始终是与时代的脉搏相通的。

齐白石是一位诗、书、画、印俱佳的艺术家。他手握自己的笔，通过辛勤地劳作美化了一个时代，极大地丰富了人民的精神生活。作为人民的艺术家，他把自己的一切都献给了他一直所钟爱的祖国和人民。

齐白石是幸运的，他在人生最后阶段，终于等来了迟到的辉煌，登上了一个艺术家的人生巅峰——1949年，新中国成立了，他的命运也随之发生逆转。

对于齐白石老人最后八年间所发生的诸多事件，各种著作和报道所论甚详，国人几乎是尽人皆知了。齐白石与他的那位了不起的老乡毛泽东结下深厚的友谊，互

相谈画论诗，其乐融融，在《毛泽东藏画集》中，很有几幅是齐白石的平生力作；齐白石也与朱德、周恩来、郭沫若、茅盾等人成为好友，在1953年为他祝寿的大会上，文化部向他颁发了“人民艺术家”的奖状，在授予他的荣誉状上对其艺术成就作出如下评价：齐白石先生

是中国人民杰出的艺术家，在中国美术创造上有卓越的贡献；1954年，他被湖南家乡人民选为第一届全国人大代表，参加了新生的中华人民共和国第一届人代会；中央美术学院成立后，老朋友徐悲鸿担任院长，他盛情邀请齐白石老人为名誉教授；随后，中国美术家协会成立，他当选为第一任理事会主席；最令白石老人兴奋的是，1956年4月27日，世界和平理事会书记处宣布，把1955年度国际和平奖授予中国画家齐白石，以表彰他为人类和平作出的贡献。9月1日，中国人民保卫世界和平委员会、中国人民对外文化协会和中国美术家协会联合为白石老人举行了授奖仪式，周恩来总理出席，向他表示祝贺。国际和平奖金评议委员会在颂词中说：

把国际和平奖金授予齐白石先生的决定不仅是根据这位画家在艺术领域中获得的高度成就，更重要的是由于他毕生颂扬的美丽和平的境界，以及人类追求美好生活的善良愿望，在全世界得到了共鸣。……画家在作品中表达中国人民喜爱和平生活的优美感情，因之他的作品不仅为自己国土的人民所欣赏，也为世界各国人民所称道。他的作品有助于各国人民对中国人民的了解，亦有助于各国人民之间和平友谊的增进。

齐白石请郁风女士代他读答词，答词中说：

世界和平理事会把国际和平奖金获得者的名义加在齐白石这名字上，这是我一生至高无上的光荣。我认为这也是中国人民的无上光荣。我以96岁的高年，能藉这个机会对国家社会，对文艺界有些小贡献以获得这样荣誉，这是我永远不能忘的一件事。正因为爱我的家乡，爱我的祖国美丽富饶的山河土地，爱大地上的一切活生生的生命，因而花费了我的毕生精力，把一个普通中国人的感情画在书里，写在诗里。直到近几年，我体会到，原来我所追求的就是和平。

同年，几近百岁的白石老人为黎锦熙、齐良已合编的《齐白石作品选集》写了自序，序中说：予少贫，为牧童及木工，一饱无食而酷好文艺，为之八十余年，今将百岁矣。作画凡数千幅，诗数千首，治印亦千余。国内外竟言齐白石画，予不知其究何所取也。印与诗，则知之者稍稀。予不知知之者之为真知否？不知者之有可知者否？将以问之天下后世……

1957年春夏之际，老人开始体力不支，经常精神恍惚，稍好些仍把笔作画，所做最后一幅作品是《牡丹》。

9月15日卧病，16日送北京医院，抢救无效，溘然长逝，终年94岁（自署97岁）。

遵老人遗嘱，只有他常用的两方名印和一支使用了二十余年的红漆手杖入殓。郭沫若任治丧委员会主任，委员有周恩来、老舍、周扬、李济深、黎锦熙等25人。9月21日，各界人士络绎不绝前来祭奠。中国美术家协会的挽联是：

抱松乔习性，守金石行操，峥嵘九十春秋，不愧劳动人民本色；

抒稻黍风情，写虫鱼生趣，灼烁新群时代，凭添和平事业光辉。

9月22日，在嘉兴寺举行公祭，郭沫若主祭，周恩来等领导人、各国使节的代表和各界人士参加公祭。而后移灵魏公村湖南公墓，墓前立了一块花岗石墓碑，上面刻着“湘潭齐白石墓”6个大字，旁边是他的继室胡宝珠的墓。

1963年，世界和平理事会推举齐白石为世界十大文化名人之一。白石老人一生的高尚品质和艺术成就光辉灿烂，他的名字永远地留在了共和国的史册上，供后人怀念、瞻仰。

白石老人轶事

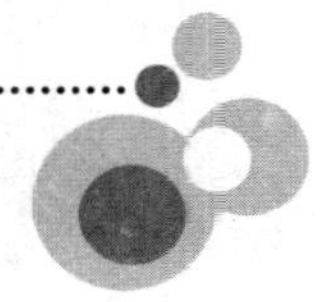

齐白石与烟

齐白石14岁学木匠，15岁开始拜著名的雕刻木工周之美为师，学习木雕。周之美吸烟，齐白石经常买水烟或旱烟孝敬师傅。大约20岁时，齐白石的工艺已非常出色，除木雕外，他还经常制作一种水牛角样的烟盒子，这种烟盒既能装水烟条丝烟，又能装旱烟叶子，工艺精细，携带方便，很受烟客欢迎。常与烟客交往，齐白石自己也爱上了吸烟，他经常将卖牛角烟盒的钱用来买烟，配齐了旱烟管、水烟袋，俨然一个老烟客。

1895年，31岁的齐白石参加了湘潭罗山诗社。其时，齐白石在画坛已享有盛誉，诗、书、画、印四艺皆绝。一次，诗社社员聚会，齐白石提议起草社章，诗友们均表示赞成。大家你一句、我一句议论开了。说到不打麻将、不谈女人等条件时，齐白石都表示同意。当有

人提出不嗜烟酒这一条时，齐白石却沉默不语，大家知道他嗜好烟，就不难为他了。

过了几天，诗友们又组织登山，途中，一位诗友突然发问：孔老圣人最爱好什么？诗友们各抒己见，但说不出权威结论。这时，一位诗友突然语出惊人：“我看孔老圣人最爱吸烟!”此语一出，众人迷惑，因为印第安人14世纪才发现烟草，传入中国的时间更迟，孔子时代还根本没有香烟，他怎么能爱上香烟呢，岂非天方夜谭?看到众人不解，这位诗友慢慢道出了原委：“去年我去王秀才府上拜年，见到他在孔夫子灵位上贴的一副对联：茶烟待人客，笔墨不当差，据说请他作文写字的人实在太多，他贴出这一对联，意思是他常以茶烟待客、自用，希望求文求字的人能出些茶烟钱。王秀才是孔夫子门生，门生吸烟，作为老师的孔夫子当然喜爱香烟了。”一席话，说得众人哈哈大笑。

说者无意，听者有心。听了这位诗友讲的故事，齐白石深有感触地说：“不瞒诸位，我吸烟已有十多年历史，平时写诗、作画都喜欢吸几斗水烟，现在大家这样诚意劝我，我一定要把烟戒掉。”他一边说，一边从口袋中掏出精美的烟盒扔到山溪中，并口占一联：烟从水上去，诗自腹中来。众诗友为齐白石的举动拍手称好。从此以后，齐白石再也没有吸过烟。

免费送你只虾

早年齐白石卖画，为方便起见，以数量计算，如画青菜、瓜果、鸡鸭鱼虾，画上有若干，就以若干钱计算。有人要画一幅虾子为题材的画。齐白石画完，即以画上有几只虾，按只收钱。那人看了画，以菜市场买菜的常例，要求多添一只虾子。齐白石心中不悦，但还是拿了笔，在画上给他添了只虾。

那人看画，发现这只虾画得像是走了样，毫无生气，有点儿奇怪。

齐白石说："你要添的这只虾子，是不在价钱以内的，所以替你画了只死虾，算是免费附送。"

通身蔬笋气

齐白石喜欢画白菜，也画得好。

齐白石把白菜推许为菜中之王，他以白菜肥大、嫩白、翠绿的特点入画，画出的白菜新鲜水灵、生机盎然。齐白石常自称自己"通身蔬笋气"，他出身农家，画白菜，画好白菜，在他看来是极自然的事。

有位画家私下里学齐白石，也画白菜，可画得总不像，他最后忍不住去问齐白石，画白菜有什么诀窍？齐白石哈哈一笑："你通身无一点蔬笋气，怎么能画得和我一样呢？"

题诗不倒翁

1937年，日本侵略军占领北平，齐白石为防敌伪方的利用，坚持闭门不出，并在家门口贴出告示，上书："中外官长要买白石之画者，用代表可矣，不必亲驾到门，从来官不入民家，官入民家，主人不利，谨此告知，恕不接见。"一个汉奸托人求画，齐白石画了一个涂着白鼻子、头戴乌纱帽的不倒翁，还题了一首诗：

乌纱白扇俨然官，
不倒原来泥半团。
将汝忽然来打破，
通身何处有心肝？

白石虾

大名鼎鼎的齐白石早已是家喻户晓了，但一提起他，我们总会不约而同地想到他画的活灵活现的虾。灵动而呈半透明质感的虾在水中嬉戏，或急或缓，时聚时散，疏密有致，浓淡相宜，情态各异，着实惹人喜爱。然而白石老人取得这样前无古人的成就却是来之不易，据说他画虾先后竟历经86年，真是千锤百炼才打造了"白石虾"。

齐白石老家有个星斗塘，塘中多草虾，幼年的白石常在塘边玩耍，从此与虾结缘。儿时欢乐的情景也成了他每每题画的素材，如“儿时乐事老堪夸……何若阿芝钓虾”。

白石画虾开始学八大山人、郑板桥等人，因时代关系那些古人画虾并不成熟，所以白石的虾只是略似的阶段。

为了画好虾，他在案头的水盂里养了长臂青虾，这样就可以经常观察虾的形态并写生，能更好地了解虾的结构和动态。这时他的虾画得很像，依样画葫芦，但墨色缺少变化，眼睛也像真虾一样画成小黑点，只是像归像，却没有虾的动感和半透明的质感，刻画不出虾的神，仅仅逼真罢了。

再以后，他在观察虾的过程中，将虾的进退，游的急缓，

甚至斗殴、跳跃等等情态统统收于笔端，更于笔墨变化上增加变化，使虾体有了透明感。他在画虾的头胸部时先用小勺舀清水滴在蘸了淡墨的笔腹上，使之有了硬壳般的感觉。通过观察，强调腹部第三节的拱起，很好地表现了虾体的曲直，弹跳的姿势，因虾的跳跃全靠腹部，这样虾就画得更生动了。他又将虾钳的前端一节画粗，笔力得以体现。最令人叫绝的是他在虾的头胸部的淡墨未干之际加上一笔浓墨，立刻增加了透明感，也使中国画的笔墨味道更浓了。虾的眼睛也由原来的小黑点儿变成横点儿，这是为了更好地表现虾的神情而加以夸张的。但是运用得恰如其分，大家见了并不以为怪。

深谙艺术规律的白石老人将躯体透明的白虾和长臂青虾结合起来，创造了“白石虾”，其实这种水墨虾在自然界并不存在，但是在符合虾的共性的前提下白石鬼斧神工地将他的“妙在似与不似之间”的理念演绎得巧妙至极。

七十岁以后白石老人画虾已基本定型，但仍在不停地改进，使其趋于完美，八十岁以后他的虾画得已是炉火纯青。活灵活现的虾配上芦苇、水草、慈姑、奇石、翠鸟等等，更以刚劲古拙的书法题上自作的诗句，加上充满力感的印章，成就了千百幅给我们高雅艺术享受的珍贵作品，极大地激发了我们对于生活的热爱。画虾仅仅是白石老人的雕虫小技，而在他的艺术宝库中则有千百幅艺术珍品静待我们去观赏学习。

齐白石与陈师曾的友谊

1919年，齐白石举家迁往北京，在那里卖画治印为生。此时他结识了一生之中也许是最重要的一位友人——陈师曾。两人相识之初，陈师曾即赠齐白石七风一首："曩于刻印知齐君，今复见画如篆文。束纸丛蚕知行脚，脚底山川生乱云。齐君印工而画拙，皆有妙处难区分。但恐世人不识画，能似不能非所闻。正如论书喜姿媚，无怪退之讥右军。画吾自画自合法，何必低首求同群。"

齐白石读后，感慨万分，深知陈师曾是劝自己自创风格，不必求媚世俗。自此，齐白石常常出入于陈府的"槐堂书屋"，两人谈画论世，识见相同，由是交谊弥笃。齐白石曾取法宋代杨补之以工笔画梅，其作品很少有人问津，以致门庭冷落，生意惨淡。陈师曾听说后，遂建议他另辟蹊径，自出新意。齐白石虚心地采纳了陈师曾的意见，经过不断地探索，刻苦实践，终于自创了"红花墨叶"一派。当时在北京的林琴南，看到齐白石以新的技法画出的梅花后，不由得大为赞赏，称"南吴北齐，可以媲美"。吴者，即吴昌硕。

1923年，陈师曾由大连往南京奔继母丧，不幸染病去世。齐白石听此噩耗后，不禁痛哭失声，动情地说：“可惜他只活了48岁，这是多么痛心的事啊！”陈师曾生前，齐白石曾有诗相赠，如：“无功禄俸耻诸子，公子生涯画里花。人品不渐高出画，一灯瘦影卧京华。”又如：“君我两个人，结交重相畏。胸中俱能事，不以皮毛贵。牛鬼与蛇神，常从腕底会。君无我不进，我无君则退。我言君自知，九原毋相昧。”由此可见，第一首诗体现了齐白石对陈师曾人品的高度评价，第二首诗则描述了二人之间淳朴而深厚的友情。

这两人的关系后来被人概括为“没有陈师曾就没有齐白石，没有齐白石也就没有陈师曾”。陈师曾在当时绘画界新思潮汹涌澎湃时仍坚定地拥护传统，曾著《文人画的价值》一书，此文极有意义。然而也就是这位貌似古板的陈夫子对白石翁进行多次鼓励和指引，在这种精神支持下，齐白石毅然以10年工夫进行衰年变法，从此他的大写意花鸟方始元气淋漓，呈现出为世人所熟知的面貌。

徐悲鸿三请齐白石

1929年9月，艺术大师徐悲鸿受聘担任北平艺术学院院长。他上任后不久，就亲自去拜访齐白石，聘请他来校担任教授。

12月一天的上午，徐悲鸿走进北京西单跨东胡同齐白石那简陋的画室里。两人一见如故，大有相见恨晚之

感。当徐悲鸿提出聘请齐白石担任北平艺术学院的教授时，齐白石默默看了一会儿徐悲鸿，婉言谢绝了。

几天后，徐悲鸿重又敲开齐白石的家门，但又遭谢绝。对此，徐悲鸿不气馁，不灰心。他深知“精诚所至，金石为开”的道理……最后，齐白石终于被说服，担任了北平艺术学院的教授，同时也道出心里话：“我不仅没进学堂读过书，而且连小学生也没教过，怎么能教大学生呢?”徐悲鸿说：“你只在课堂上给学生作画示范就行了。”

徐悲鸿标价《虾趣》

虽然齐白石的画像徐悲鸿所赞赏的那样：“妙造自然，浑然天成。”但是在当时的美术界，有些人却极力歧视与贬低木匠出身的齐白石。一次画展，齐白石的作品受到冷落，被挤到一个不被人注意的角落里。当徐悲鸿在展厅内看到齐白石的作品《虾趣》时，心中暗喜道：“真是一幅妙趣横生的佳作啊!”他立即找来展厅的负责人，把《虾趣》放在展厅中央，与他的作品并列在一起，并将《虾趣》的标价8元改为80元，而自己的那幅《奔马》标价为70元；他还在《虾趣》下面注明“徐悲鸿标价”字样。此事引起轰动，齐白石也由此名扬京城。

齐白石惜时的故事

齐白石是我国著名的书画家，他非常勤勉、惜时。八十多岁时，仍然每天挥笔作画，一天至少要画5幅。他经常以“不教一日闲过”的警句来勉励自己。

一次，齐白石过90岁生日，许多朋友、学生前来祝贺。他一直忙到深夜，才把最后一批客人送走。这时他想，今天5幅画还没有完成呢，于是打算提笔作画。由于过度劳累，难以集中精力，在家人的一再劝阻下他才去休息。

第二天，齐白石很早就起来作画，家里人怕他累坏身体，都劝他休息。齐白石十分认真地说：“昨天生日客人多，没有作画，今天可要补昨天的‘闲过’呀!”

“感谢您为我作画”

建国伊始，齐白石用心制作了两方印章送毛泽东。毛泽东不久在中南海设宴，请郭沫若作陪，答谢齐白石。

三人饮过一杯酒，毛泽东又端起酒杯，向齐白石道：“刚才请白老喝酒，是感谢您为我制印，这一杯，是感谢您为我作画。”

齐白石一怔，不知何时给毛泽东作过画。

毛泽东让秘书把画取来，展开挂到了墙上，是一幅全绫装裱的立轴，画着一棵郁郁葱葱的李子树，树上落着一群毛茸茸小鸟，树下伫立着一头憨厚的老牛，老牛正侧着脑袋望着小鸟出神。

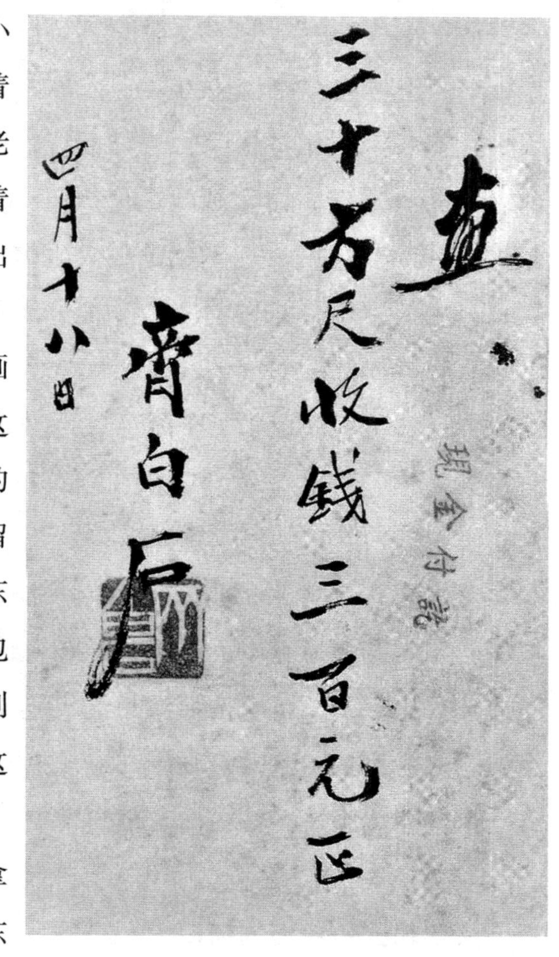

齐白石见画后好不惊诧，这画是他练笔的“废品”，他没留神，在给毛泽东送印时，用作包装纸了。想不到毛泽东居然把这废画装裱了。

齐白石要拿回去，给毛泽东另画，毛泽东却道大可不必，这幅就不错。

齐白石发急，站起身想自己摘画，却被郭沫若拦住，说，此画应该是齐白石送他的，画上标着他的名字。

齐白石不解。

郭沫若笑着说：“这树上画了五只鸟，树上五鸟，这不是我的名字吗?”原来，郭沫若名开贞，字尚武，“尚武”谐“上五”，故有此说。

且慢！毛泽东挥挥手，要如此说，画上也标有本人的名字嘛！请问，白老画的是什么树？李子树。李子树画得茂盛吗？茂盛。这不就是敝人之名吗？当年八路军撤离延安时，毛泽东曾对人说，离开者得胜也。于是取名李得胜。

齐白石听至此也乐了，诚恳道：“如此说来，拙画还有点儿意思，那么，劳驾二位在卷首上赏赐几个字，如何?”

毛泽东提笔先来：丹青意造本无法，这是借用苏东坡的句子“我书意造本无法”。郭沫若接题，写的是“画圣胸中常有诗”，套的是陆游诗句“此老胸中常有诗”。上下句成为对仗工整的一联。

最终，此画还是被齐白石带回了家。以后不知下落。

只要粉红色票面的新币

1955年发行新人民币，收回旧人民币，眼看就要到兑换截止日期了。有两位白石老人的女弟子估计他还没换，便自告奋勇，要替他办理更换新币的事。老人表示同意，但提出要求：“我只要那种粉红色票面的新币，即一元一张的，别的颜色不如这种可爱，故不要。”两人遵

命，提了两个手提包去换。换回来的全是老人欣赏的一元一张的新人民币。当然，数起来也颇麻烦，累得她俩儿满头大汗。不过，这个偶然的机会使她俩儿得知老人财产的秘密。总数并不可观，打个毫不夸大的比喻，用这笔钱买老人自己的画，按目前的价格，大概是一张也买不下来的。当事人之一，老舍夫人胡絜青说："从这一次经历之后，老人的人品在我面前又增高了许多倍。"

中华
爱国
人物故事
ZHONGHUA AIGUO RENWU GUSHI